os contornos

DA PSICOLOGIA
CONTEMPORÂNEA

os contornos
DA PSICOLOGIA
CONTEMPORÂNEA

Gleiber Couto
Sanyo Drummond Pires

(Organizadores)

Casa do Psicólogo®

© 2010 Casapsi Livraria, Editora e Gráfica Ltda.
É proibida a reprodução total ou parcial desta publicação, para qualquer finalidade, sem autorização por escrito dos editores.

1ª Edição
2010

Editores
Ingo Bernd Güntert e Jerome Vonk

Assistente Editorial
Aparecida Ferraz da Silva

Capa
Carla Vogel

Produção Gráfica
Fabio Alves Melo

Projeto Gráfico & Editoração Eletrônica
Sergio Gzeschenik

Preparação de Original
Raphaela Secco Comisso

Revisão
Luciane Helena Gomide

Revisão Final
Carolina Serra Azul Guimarães e Lucas Torrisi Gomediano

Dados Internacionais de Catalogação na Publicação (CIP)
(Câmara Brasileira do Livro, SP, Brasil)

Os Contornos da psicologia contemporânea / Gleiber Couto, Sanyo Drummond Pires organizadores. -- São Paulo : Casa do Psicólogo®, 2010.

Bibliografia.
ISBN 978-85-7396-651-0

1. Psicologia 2. Psicologia - História I. Couto, Gleiber. II. Pires, Sanyo Drummond.
09-07415   CDD-150.9

Índices para catálogo sistemático:
1. Psicologia : História 150.9

Impresso no Brasil
Printed in Brazil
Reservados todos os direitos de publicação em língua portuguesa à

Casapsi Livraria, Editora e Gráfica Ltda.
Rua Santo Antônio, 1010
Jardim México • CEP 13253-400
Itatiba/SP - Brasil
Tel. Fax: (11) 4524.6997
www.casadopsicologo.com.br

SUMÁRIO

Prefácio... 7
Marília Novais da Mata Machado

Contornos atuais da psicologia: à guisa de uma introdução..... 11
Sanyo Drummond Pires e Gleiber Couto

1 Psicanálise e ciência: uma questão não resolvida............... 25
   Cláudio Garcia Capitão

2 Considerações acerca do ciúme romântico e suas
   manifestações... 49
   *Lucas de Francisco Carvalho, Fernanda Kebleris e
   José Maurício Haas Bueno*

3 O que sabemos sobre inteligência emocional..................... 73
   Fabiano Koich Miguel

4 Obesidade e análise do comportamento alimentar:
   revisão e novos paradigmas de pesquisa........................... 105
   Renato Camargos Viana e Roberto Alves Banaco

5 A prática de *mindfulness* na psicoterapia analítico-funcional em grupo para dor crônica 143
Cristina Lemes Barbosa Ferro e Luc Vandenberghe

6 Psicologia jurídica e a perícia psicológica em hospital de custódia: um compromisso ético entre a justiça e a sociedade 171
Rodrigo Soares Santos, Patrícia Farina e Tiago Bagne

7 Os desafios do bem-viver psíquico no trabalho contemporâneo 199
Ricardo Augusto Alves de Carvalho e Sanyo Drummond Pires

Sobre os Organizadores 217

Sobre os autores 219

Conselho Editorial 223

PREFÁCIO

Marília Novais da Mata Machado

O título *Os contornos da psicologia contemporânea* já sugere: escreve-se sobre o momento atual e questões cotidianas ainda em formulação. São tratados temas não tão amplamente estudados nem bem estabelecidos. No espaço que os analistas institucionais denominaram *instituinte*, predominam o novo, a criação, o levantar de lebres, a saída do paradeiro, a dúvida, o movimento.

Os autores vêm de São Paulo, Minas Gerais, Tocantins, Goiás, do Paraná e, um deles, da Bélgica. Todos são pesquisadores, mas têm profissões diferentes: psicólogos clínicos, psicólogos hospitalares, terapeutas comportamentais, professores e gestores. Há bacharéis, especialistas, mestres e doutores. Eles têm posições teóricas diferentes: há psicanalistas, cognitivistas, comportamentalistas, sociocognitivistas, teóricos analítico-funcionais e psicossociológos.

Porém, na diversidade e na inovação que adotam existe um porto seguro: o posicionamento científico sólido em que

DA PSICOLOGIA
CONTEMPORÂNEA

teoria e pesquisa empírica claramente se conjugam nas buscas, nas indagações e nos questionamentos sobre os vários temas. Os capítulos trazem suas respectivas fundamentações teóricas, suas revisões cuidadosas da literatura sobre o tópico em apreço, os resultados de uma ou mais investigações realizadas ou, na ausência de investigação, a discussão de um caso profissional.

Assim, o livro desdobra-se numa coletânea de trabalhos que são como ventos novos que arejam temas há muito presentes no pensamento psicológico, como a interpretação, o estatuto de cientificidade da psicanálise e da psicologia jurídica, ou temas apenas tangenciados pela psicologia, como o ciúme, as emoções, a obesidade, a dor crônica e a saúde psíquica no trabalho.

Em todos os capítulos, vê-se uma opção contra sectarismos, disciplinas rígidas, palavras de ordem e certezas irremovíveis. Busca-se "um olhar atento e, na medida do possível, pouco ortodoxo", como sugerem os organizadores Gleiber Couto e Sanyo Drummond Pires.

É como se o livro anunciasse um terceiro movimento na recente história da psicologia. Há sete décadas, a disciplina vangloriava-se por ter alcançado um estatuto de ciência graças à sua capacidade de conduzir experimentos dentro da tradição galileica, à sua habilidade de construir escalas, questionários e outros instrumentos para testes e medidas, e à sua competência no uso de estatísticas – cada vez mais elaboradas e sofisticadas. Era detentora do método científico, essencial para todas as disciplinas que se pretendiam ciência.

De um momento para outro, essas conquistas e certezas passaram a ser criticadas: eram positivistas, incapazes de captar subjetividades e processos; eram subordinadas às ciências duras e, portanto, reducionistas; não permitiam compreender a natureza nem o real; desconheciam o indeterminado e eram a-históricas, pois ignoravam a dimensão temporal. Esse movimento contestatório teve seu lado destruidor e repressor, mas trouxe contribuições teóricas e metodológicas que permaneceram (teorias feministas, do sujeito e da representação; abordagens fenomenológicas; técnicas de observação e de pesquisa participantes, de história de vida e orais; formas de tratamento de dados e informações, entre outras).

O terceiro movimento, presente nos contornos desta obra, não é exclusivista e empirista como o primeiro, nem adota o proselitismo e a militância do segundo. É responsável, rigoroso, atento e cuidadoso ao considerar o sujeito/objeto da pesquisa psicológica e da prática profissional; coloca-o sempre em discussão, mesmo que exija um arcabouço teórico. Sugere para o trabalho científico uma perspectiva coletiva, compartilhada. Busca lidar com fenômenos universais e particulares. Além disso, não pretende esgotar a temática da psicologia, apenas iniciar um debate.

Assim, este volume representa o primeiro livro de uma coleção séria, agradável, ventilada e amigável a ser estudada e apreciada. Seus autores e organizadores foram muito bem-sucedidos em sua proposta inicial – a de trabalhar os fenômenos como eles se manifestam – e exerceram bem suas funções de pesquisadores e teóricos. Aprende-se muito com este livro.

Novembro de 2008

CONTORNOS ATUAIS DA PSICOLOGIA: À GUISA DE UMA INTRODUÇÃO

Sanyo Drummond Pires[1]
Gleiber Couto[2]

Quando se fala sobre o que é cotidiano na vivência das pessoas é comum a tentação de criar interpretações a partir de impressões mais ou menos compartilhadas pela maioria das pessoas que fazem parte de um mesmo ambiente. Porém não é comum a preocupação em fundamentar tais afirmações em pesquisas ou elaborações teóricas, as quais, muitas vezes, não existem ou não são satisfatórias em sua abrangência ou em seu rigor. Essa maneira de interpretar parece ser uma tendência geral que, em alguns casos, apresenta problemas no que diz respeito ao alcance explicativo dessas afirmações. No entanto, em algumas circunstâncias, iniciar uma análise pelas impressões compartilhadas pode ser a ação mais certa, pois é a partir delas que as pessoas em geral definem boa parte das

---
1 Laboratório de Avaliação Psicológica e Educacional – LabAPE, Universidade São Francisco – USF. (Bolsista CAPES).
2 Laboratório de Avaliação, Medidas e Instrumentação em psicologia – LAMI, Universidade Federal de Goiás, Campus Catalão – UFG/CAC

DA PSICOLOGIA
CONTEMPORÂNEA

posições que tomam diante das necessidades e dos problemas enfrentados no dia a dia.

Em psicologia, desde seu surgimento como disciplina científica, podem ser encontrados contrastes, em relação ao método de estudo, que convivem de forma relativamente harmoniosa até os dias atuais. Por um lado, o esforço para encontrar os padrões gerais dos fenômenos psicológicos, relatados na literatura desde os trabalhos de Wundt (1832-1920); por outro, uma tendência em desvendar as diferenças individuais, presente desde os trabalhos de Binet (1857-1911). Ambos podem se valer de procedimentos que valorizam o estudo de grupos, dos quais se podem derivar leis gerais (método nomotético), ou que valorizam o estudo de acompanhamento de caso único, por exemplo, a atividade clínica que privilegia as idiossincrasias dos sujeitos e atenta especialmente aos fatos singulares (método ideográfico).

Quando o ambiente em questão é o domínio das atividades cotidianas dos acadêmicos, sejam professores, pesquisadores ou alunos, essa tendência segue o mesmo ritmo. As impressões formadas ou adotadas pelas pessoas, em relação umas às outras, vão servir de base para a forma como elas organizam suas atividades e seus modos de se relacionar com a ciência, as instituições acadêmicas e seus colegas. Nesse ambiente, entretanto, é esperado que essa tendência seja superada, a fim de ampliar o conjunto de elementos presentes nas análises necessárias para a construção de modelos explicativos sobre o mundo, em geral, e as pessoas, em particular. Como diria Arendt (1988), a ciência atual, mais especificamente o método científico, estabelece uma cisão com o modo de pensar comum, que fundamenta nossa atividade cotidiana.

Embora a autora se refira às ciências exatas, em que a percepção dos fenômenos é altamente mediada pelo uso de aparelhos tecnológicos, essa mesma afirmação pode ser aplicada também à psicologia. Na maioria das vezes, entre a ocorrência de um fenômeno e a sua compreensão, tem-se um construto social como intermediário, ainda que este não seja material no sentido físico, mas formado por representações mentais e por seus compartilhamentos pelos sujeitos, que se materializam nas instituições ou nos costumes.

Em psicologia, pelo fato de impressões subjetivas muitas vezes fazerem parte dos objetos de estudo e das hipóteses explicativas possíveis, é necessário maior cuidado. Afirmações baseadas em impressões podem ser tomadas como temerárias e totalmente inaceitáveis quando é desconsiderada grande parte do arcabouço teórico e das pesquisas realizadas sobre um determinado tema. De acordo com certos pontos de vista, esta seria uma desconsideração represensível se partisse de um psicólogo, pois ele não poderia alegar desconhecimento da possibilidade de tratar cientificamente o ponto em questão.

A maneira como são tratadas essas impressões pode levar à ilusão de que a psicologia poderia substituir o senso comum na forma como uma pessoa se organiza e se posiciona diante do seu mundo cotidiano. Essa ideia é um perigo e uma tentação muito maiores do que seu oposto, ou seja, o identificar opiniões mais ou menos difusas e se posicionar a partir delas. O reducionismo da vida cotidiana à análise psicológica é um problema a ser enfrentado maior do que a percepção cotidiana do psiquismo, partindo do senso comum.

As reflexões sobre a psicologia, as posições assumidas diante das questões políticas e religiosas, a vivência

DA PSICOLOGIA
CONTEMPORÂNEA

institucional no trabalho e as consequentes estratégias de defesa psíquica e social – que são construídas pelas pessoas nas suas interações – serão objetos para os quais se buscam uma compreensão mais ampla e um sentido, em que cada elemento esteja articulado com uma totalidade. Sem isso, não é possível construir uma sequência de estratégias que possibilite agir no mundo apresentando a singularidade individual. A dificuldade de organizar a vida pessoal reflete-se na organização da atividade acadêmica. Reale (1993) aborda a experiência de articulação da atividade teórica do intelectual com todos os aspectos de sua vida, como o seu desenvolvimento espiritual – não pensado apenas sob o ponto de vista religioso, mas sob a perspectiva de articulação da universalidade da teoria com a particularidade das contingências em que esta teoria é pensada por meio da singularidade da pessoa.

Esse processo de desenvolvimento espiritual, por sua referência às singularidades, deve ser compreendido considerando-se a capacidade e o desejo de cada pessoa de agir e, principalmente, de criar, a partir dos aspectos com os quais está envolvida, a síntese pessoal que origina uma nova forma de percepção. Porém, as consequências desse processo ultrapassam as dimensões individuais, porque as novas formas oriundas de sua síntese são também compartilhadas com o grupo do qual a pessoa participa.

Quando se extrai um sentido de um magma de significações, conforme o conceito proposto por Castoriadis (1982), e este pode ser compartilhado como significado de algo para alguém além da pessoa que o percebeu inicialmente, cria-se um intermediário entre a experiência e o pensamento. À medida que mais pessoas dele participam e contribuem para sua formatação, esse intermediário assume vida própria. Os diversos processos de desenvolvimento espiritual dos pesquisadores estão relacionados, seja a partir do compartilhamento do sentido, ou por meio da defesa diante de um elemento desorganizador de percepção da realidade, uma vez que se contrapõem aos elementos organizadores.

A experiência que muitos alunos têm do curso de psicologia, de que é uma colcha de retalhos, encontra seu contraponto na compreensão dos professores e pesquisadores do grau de maturidade e desenvolvimento da psicologia como ciência. Pode-se dizer que a grande dispersão de abordagens e teorias psicológicas se dá em função do número elevado de concepções sobre o homem presentes na filosofia. Assim, dois aspectos podem ser considerados importantes para compreender esta dispersão. O primeiro refere-se ao processo de criação da psicologia como ciência particular, que, a partir de sua separação da antropologia filosófica, teria retirado o ambiente de encontro e diálogo entre as diferentes concepções do homem. O segundo refere-se às formas de posicionamento individual de cada pesquisador, que muitas vezes são baseadas nas impressões sustentadas pela adesão a uma ou a outra concepção teórica. Esses aspectos, de modo geral, conduziram a um isolamento das contribuições de cada abordagem para a compreensão dos fenômenos humanos, o que dificulta a construção de um conhecimento integrado.

Diante das circunstâncias que levaram à proposta de organizar um livro sobre os contornos da psicologia contemporânea, as impressões assumem um papel fundamental. Nesse caso, deixar de centralizar as preocupações nos detalhes que um livro especializado deve conter, ou na delimitação mais

DA PSICOLOGIA
CONTEMPORÂNEA

clara sobre o estado da arte que a psicologia como ciência alcançou, fez a organização ser conduzida pelo entendimento de que um estudo sobre os contornos deve se ocupar mais com as formas que aparecem e com a luminosidade com que estas se gravam nos sujeitos participantes da experiência.

Essas impressões vêm tanto da experiência como alunos de psicologia quanto da vivência como pesquisadores, professores, gestores de cursos e entidades de psicologia. Embora não se faça uma descrição exaustiva, os textos apresentados procuram identificar alguns contornos que são percebidos como delineamentos atuais da psicologia brasileira. Não se pode dizer que são fruto de isenção ou imparcialidade científica. Perceber contornos traz sempre um componente de escolha, de desejo.

Ainda no campo das impressões, muitas vezes se pode observar uma organização da psicologia na qual a falta de comunicação entre pesquisas e pesquisadores sobre diferentes recortes do fenômeno psíquico – por consequência de suas distintas abordagens metodológicas – estabelece uma situação que ultrapassa o debate científico e se espalha para outros campos do pensar cotidiano. Porém, um olhar atento e, na medida do possível, pouco ortodoxo aos temas apresentados e principalmente aos aspectos metodológicos adotados pelos colaboradores pode sugerir que os conhecimentos produzidos nos diversos contextos de pesquisa podem ou devem ser somados. Assim, produz-se um todo coerente para ser oferecido à sociedade como conhecimento legítimo sobre o comportamento e a mente humanos.

No entanto, é preciso não cair numa velha armadilha, que é a do papel da ciência (ou mais precisamente da universidade) para a sociedade. Weber (2000) já alertava para os perigos do cientista que se propõe a fazer da ciência e de sua atividade acadêmica um espaço para a ação política. De fato, nada impede que essa ação aconteça, mas é preciso definir tanto ciência como política, e respeitar os espaços e as características para a ação do sujeito diante de cada atividade.

Minogue (1981) compreende que a posição de fazer da ciência um espaço de ação política, adotada por parte dos cientistas, pode ser explicada por uma pressão da sociedade e por uma demanda pessoal de legitimação da função das universidades. Essa legitimação se concretiza pela concentração dos esforços dos acadêmicos na solução dos problemas cotidianos enfrentados pelos membros da sociedade. Porém, ceder a tais pressões e à demanda por uma ciência passível de compreensão pelo senso comum é abdicar da função acadêmica de guardar e desenvolver o conhecimento acumulado pela humanidade. Também existe o desconhecimento da própria diversidade de funções dentro da academia, que, segundo o autor, poderiam se congregar em dois tipos principais: os cientistas, com as funções de pesquisar e compilar o conhecimento acumulado, e os técnicos especializados, com a função de desenvolver tecnologias a partir do conhecimento adquirido. São bem-vindos os que sintetizam em si esses diferentes papéis, pois não levar em conta ou diminuir a importância de uma dessas funções é desconhecer o papel que se desempenha e, consequentemente, a dinâmica das relações entre os membros da academia.

Além dos contornos que podemos perceber, há os que podemos extrair das possíveis significações, a partir dos quais podemos construir novos espaços de relação entre os

DA PSICOLOGIA
CONTEMPORÂNEA

profissionais da psicologia – técnicos, professores, pesquisadores, gestores ou os que exercem todas essas funções. Retomando a ideia de desenvolvimento espiritual, usada como referência à constante atividade de síntese que ocorre no sujeito, é em relação a esse espírito animador que buscamos extrair novos sentidos do magma de significações possíveis da vivência como psicólogo e como acadêmico.

Uma frase do professor Cláudio Capitão, presente no primeiro capítulo deste livro, é emblemática: "Não estamos em uma guerra teórica". A guerra pode até existir, mas por motivos muito mais fúteis. Não são fúteis por se darem em função de aspectos cotidianos – como disputas de poder e prestígio, que existem e sempre existirão – ou por serem pensados em termos do senso comum, mas porque não encararam as verdadeiras causas da disputa que se estabelece entre os pesquisadores e os técnicos e porque se abrigaram num discurso pretensamente científico-engajado, que não resiste ao menor aprofundamento.

Consideramos que, a partir desse desvelamento das intenções (boas ou más), poderão ser criados espaços para perceber os problemas sociais, políticos, teóricos e metodológicos. Não há controvérsias sobre a existência desses espaços, implícitos na diversidade de concepções e que permitem discutir os problemas dentro de um ambiente mais produtivo, fazendo a psicologia avançar como ciência e como profissão no nosso país. Mas, como não se deve fugir dos fantasmas invocados quando se manifestam, passemos agora aos textos que compõem este livro.

Pretendeu-se apresentar uma coletânea na qual serão tratados diversos temas, de maneira pormenorizada, oriundos de diferentes tipos de experiências, com diferentes concepções teóricas e modelos de comunicação, embora não se tenha esgotado essa função, pois isso ultrapassaria as possibilidades deste volume.

Entretanto, durante o trabalho de organização, foi focalizada a receptividade ao fenômeno como se manifesta e aos limites da capacidade de captação desse fenômeno. A intenção inicial, de desenvolver a proposta levantada anteriormente em um único volume, mostrou-se bastante insatisfatória. Tivemos então a ideia de criar uma coleção em que vários temas seriam abordados; cada livro seria destinado a um tema. Procuramos elaborar um volume inicial, com uma amplitude de assuntos e abordagens que possam iniciar uma familiarização com o tipo de debate que propomos. Pode-se considerar que, dentro dos objetivos, os capítulos ilustram bem a intenção.

No Capítulo 1, o professor Cláudio Capitão apresenta uma discussão sobre a produção dos conhecimentos científico e não científico, caminhando lado a lado com as realizações de grandes cientistas ou artistas, ao longo do desenvolvimento da chamada arquitetura científica moderna, por serem dimensões que podem pertencer a um único indivíduo. A intenção parece ser questionar a posição claramente reducionista – defendida em alguns meios – de que o único conhecimento legítimo para uma leitura adequada da realidade é aquele produzido pela chancela da ciência. O universo não pode ser reduzido à forma do fazer científico – esse é o princípio básico da discussão epistemológica que propõe o autor.

No Capítulo 2, os pesquisadores Lucas de Francisco Carvalho, Fernanda Kebleris e José Maurício Haas Bueno fazem um levantamento teórico do tema do ciúme. Tecem considerações acerca do comportamento, de suas manifestações consideradas comuns e daquelas consideradas sugestivas do ciúme como uma patologia própria. Também se discute o comportamento ciumento como uma possível comorbidade entre o ciúme patológico e outras doenças mentais, ou simplesmente como um sintoma presente nessas doenças.

No Capítulo 3, o pesquisador Fabiano Koich Miguel apresenta o tema da inteligência emocional, discutindo o conhecimento atual sobre o construto, bem como possíveis aplicações práticas e os principais problemas encontrados na sua pesquisa. É apresentada uma revisão crítica do desenvolvimento das principais teorias que sustentam esse conceito.

No Capítulo 4, os professores Renato Camargos Viana e Roberto Alves Banaco trazem uma revisão dos principais modelos de pesquisa, na área da análise do comportamento, e do tema do comportamento alimentar e obesidade. Discutem o desenvolvimento de um novo e promissor paradigma de pesquisa.

No Capítulo 5, os pesquisadores Cristina Ferro e Luc Vandenberghe apresentam um relato de pesquisa no qual se discute sobre a prática do procedimento de *mindfulness* na terapia comportamental aplicada a pacientes com dor crônica. Essa abordagem é ilustrada com os resultados da pesquisa feita com um grupo de pacientes tratados com esse procedimento.

No Capítulo 6, o professor Rodrigo Soares Santos e sua equipe de psicologia fazem um relato de experiência profissional na área de psicologia jurídica, referente à perícia psicológica em hospital de custódia e a sua implicação ética e social. É apresentado um breve histórico da psicologia jurídica, abordando: a psiquiatria forense e as tentativas de entendimento do comportamento desviante decorrente dos transtornos mentais, no Brasil e no mundo, em diferentes épocas e contextos; o desenvolvimento histórico e as aplicações atuais da responsabilidade penal e das medidas de segurança, incluindo alguns tópicos periciais; questões éticas e sociais sobre a presunção da periculosidade do doente mental, junto a alguns estudos que relacionam a prática pericial, a avaliação psiquiátrica e a psicológica.

No Capítulo 7, os professores Ricardo Carvalho e Sanyo Drummond Pires, retomando as concepções da psicossociologia francesa, da psicodinâmica do trabalho, da análise institucional e da ergologia, discutem a atuação do psicólogo como profissional de saúde no seu trabalho com organizações produtivas. A concepção de saúde no trabalho é reconsiderada a partir de sua percepção como uma expressão verdadeira de si, para além da dicotomia saúde/doença, ou de uma saúde meramente adaptativa à prescrição do trabalho. A autonomia, compreendida como a produção e o reconhecimento no trabalho, é vista, então, como a principal referência para se pensar a saúde do trabalhador.

Com o sentimento de satisfação e o desejo de ter representado uma quantidade de temas e posições teóricas que, apesar de não darem conta da diversidade encontrada na psicologia brasileira, sinalizam um leque de possibilidades, este livro é entregue ao escrutínio dos pares. Diante, principalmente, das similaridades encontradas nos interesses em abordar o fenômeno psicológico, surge uma expectativa de que tais similaridades permitam um maior compartilhamento

DA PSICOLOGIA
CONTEMPORÂNEA

das sínteses pessoais – se não da psicologia, ao menos da atividade dos pesquisadores. Porém, as conclusões ou quaisquer considerações a respeito desse ponto ficam para os leitores.

Ao olhar dos organizadores, tal compartilhamento e a busca de uma síntese em comum parecem não só possíveis, mas desejáveis.

Referências

ATKINSON, R. L.; ATKINSON, R. C.; SMITH, E. E.; BEN, D. J. *Introdução à psicologia*. Porto Alegre: Artmed, 1995.

ARENDT, H. *Entre o passado e o futuro*. São Paulo: Perspectiva, 1988.

CASTORIADIS, C. *A instituição imaginária da sociedade*. Rio de Janeiro: Paz e Terra, 1982.

MINOGUE, K. *O conceito de universidade*. Brasília: Universidade de Brasília, 1981.

REALE, G. *História da filosofia antiga*. São Paulo: Loyola, 1993. v. 1.

WEBER, M. *Ciência e política: duas vocações*. São Paulo: Cultrix, 2000.

PSICANÁLISE E CIÊNCIA: UMA QUESTÃO NÃO RESOLVIDA

Cláudio Garcia Capitão[1]

Introdução

É provável que também nos inclinemos muito a superestimar o caráter consciente da produção intelectual e artística. As comunicações que nos foram fornecidas por alguns dos homens mais altamente produtivos, como Goethe e Helmholtz, mostram, antes, que o que há de essencial e novo em suas criações lhes veio sem premeditação e como um todo quase pronto. (Freud, 1990a, p. 638)

Olhamos com admiração e espanto a arquitetura da física, da química, da biologia e de todo trabalho científico que, muitas vezes, parece ser a recriação do Universo. Por outro lado, há aqueles que encaram com desconfiança essa grandiosidade arquitetônica de conhecimentos apresentada pela ciência.

---

[1] Universidade São Francisco – USF. E-mail: cgcapitao@uol.com.br

DA PSICOLOGIA
CONTEMPORÂNEA

A desconfiança provém de várias origens. Podemos situar uma delas na pouca cultura científica de que goza o homem em pleno século XXI e nos milhares de famintos e ignorantes que nem ao menos sabem manipular seu alfabeto – campo em que a ciência não fez sentir os efeitos de suas descobertas. Por consequência, a suspeição situa-se na política de dominação que açambarca o conhecimento, privando o cidadão comum de possuí-lo. Outra ramificação encontra-se numa faixa abrangida pela própria ciência, dentro de suas vísceras, em que o conhecimento sugerido não explica suficientemente todo o conjunto de coisas a que se propõe: mitos e lendas sobrevivem de mãos dadas com conhecimentos e explicações atuais, sendo questionados, de maneira contundente, a forma e os meios pelos quais os conhecimentos foram se acumulando (Dawkins, 2000; Japiassu, 2001; Omnès, 1996; Rossi, 1992).

Várias outras vertentes poderiam ser acrescentadas, mas apenas gostaríamos de assinalar que, apesar do império de conhecimentos adquirido nos últimos séculos pela ciência, este não é absoluto, não é a única forma de interpretar os fenômenos da vida, os acontecimentos e os fatos. Outros caminhos apresentam-se paralelos e mesmo opostos.

Essa tendência a interpretar o universo e as coisas nele contidas, de modos diferentes, parece ter sempre existido. No início, talvez encontremos a revelação divina como forma última de descobrir a harmonia existente ou inerente às leis do universo; apenas nos últimos três ou quatro séculos, de forma lenta e incompleta, a maneira científica de interpretar o fenômeno natural se impôs (Bronowski, 1977; Fourez, 1995; Dawkins, 1986; Rezende, 1987).

Não devemos ignorar que, mesmo nas civilizações ocidentais oriundas da Renascença, cientistas como Johann Kepler, apesar de suas descobertas, não abandonavam as interpretações místicas e mágicas. O próprio Newton, depois de realizar a maior síntese científica de que se tem notícia, colocava Deus como regente da harmonia do universo e considerava a parte mais importante de sua contribuição os comentários das sagradas escrituras, assunto ao qual se dedicou até o final de sua vida (Feyerabend, 1989; Zusman, 1988).

No entanto, não é raro vermos homens, que pensam e fazem ciência sem olhar para a história ou para os conhecimentos do presente, fazerem uso dos mais variados argumentos para não reconhecerem o caráter científico das descobertas da psicanálise, como as formulações encontradas em Campos (2001), que pecam pela ingenuidade ou pelo não entendimento. Não existe uma única forma de produzir conhecimento científico (Turato, 2003).

Tentar reduzir o universo da forma de fazer ciência torna-se uma tentativa frustrada e incoerente com o próprio saber científico. Como nos aponta Feyerabend (1989), a condição de coerência, por força da qual se exige que as hipóteses novas se ajustem a teorias aceitas, é desarrazoada, pois preserva a teoria mais antiga, e não a melhor. Hipóteses que contradizem teorias bem sedimentadas proporcionam evidências impossíveis de obter de outra forma. A proliferação de teorias só torna a ciência mais rica, ao passo que a sua uniformidade enfraquece o seu espírito crítico e além disso coloca sob ameaça o livre desenvolvimento das pessoas.

Entre os pensadores mais importantes da atualidade, encontramos o destacado Karl Popper, cujo principal argumento é o de que a psicanálise não tem condições para passar pela prova da refutabilidade - critério este estabelecido por ele mesmo - razão por que não chegaria a ser uma ciência (1980).

Porém, se Popper tivesse prestado um pouco mais de atenção à obra freudiana, teria percebido que seu critério máximo determinado – o da refutabilidade –, sem dúvida, é encontrado nos escritos de Freud. A refutação da teoria da sedução, defendida por Freud entre 1895 e 1897, é apenas um pequeno exemplo da sua postura científica e crítica (Laplanche; Pontalis, 1983; Mezan, 1982).

Devemos ser condescendentes com o representante máximo do empirismo lógico, pois Freud, homem de boa formação nas ciências naturais, possuía um ideal científico não muito distante do de Popper. Não era raro ficar espantado com a sua própria criação; muitas vezes, sentia-se ofendido quando tratado como um literato, um artista, e não um homem de ciência. Com certeza, não se tratava de uma má leitura de sua própria obra (Gay, 1989).

Freud (1990c) defendeu que a psicanálise poderia ser considerada uma teoria da personalidade, um método de psicoterapia e um instrumento de investigação científica, objetivando destacar que, por uma condição especial e intrínseca da disciplina, o método de investigação coincide com o procedimento de cura, porque à medida que a pessoa conhece a si própria, pode modificar sua personalidade, isto é, curar-se.

Freud foi um homem preocupado em fazer ciência; se não a fez nos moldes tradicionais das ciências naturais, apreendeu delas muitas características importantes e essenciais para se dar conta de que sua disciplina era alicerçada em terreno diverso.

Atualmente, como nos demonstra Andrade (2003), existe um interesse cada vez maior entre os neurocientistas pelas descobertas realizadas por Freud antes mesmo de a psicanálise ter se constituído como tal. Em 2000, mais de quatrocentos psicanalistas e neurocientistas de todo o mundo reuniram-se em Londres e fundaram a Sociedade Internacional de Neuropsicanálise – entidade interdisciplinar cujo objetivo é promover a aproximação entre dois campos do conhecimento. Eles notaram a importância da retomada dos estudos neuropsicológicos interrompidos por Freud em 1895, por não existirem objeções contundentes, principalmente agora que o progresso da neurociência se aproximou da intimidade do psiquismo.

Como bem nos aponta Bleger (1989), trata-se de um erro grosseiro supor que a cada área de comportamento corresponda uma ciência particular, ou seja, que a psicologia corresponda à área da mente, a biologia, ao corpo e a sociologia, às manifestações no mundo externo. Esse viés é equivocado e já não pode mais ser sustentado nos dias atuais. A psicologia, por exemplo, abarca o estudo de todas as manifestações do ser humano, e estas se dão sempre no nível psicológico de integração. A psicologia não exclui nenhuma outra ciência nem pode ser excluída por elas.

Ainda de acordo com Bleger (1989), podemos pensar que todas as ciências são apenas fragmentos de uma só realidade, única e total. Todos os fenômenos relacionam-se entre si e condicionam-se reciprocamente. Tais fatos não devem ser colocados de lado quando, por razões metodológicas, se tem de estudar em separado algum grupo de fenômenos. Quando

DA PSICOLOGIA
CONTEMPORÂNEA

essa visão de totalidade é abandonada, o resultado é uma generalização de formulações que só são viáveis e adequadas para um determinado nível de integração ou um grupo pequeno de fenômenos.

A psicanálise pôde aproveitar e enriquecer-se com alguns dos predicados dos três grandes modelos de ciência: das ciências formais, a sua função pensante, a lógica, o pensar racional; das empírico-formais, o senso da observação, o respeito pelos fatos; das humanas, o confronto, a crítica, a dialética simbólica (Telles, 1987).

Não estamos numa guerra científica e não devemos nos furtar a estudar as ciências e extrair delas o que é importante, respeitando esse universo de conhecimento – muitas vezes equivocado, mas uma bela herança para a humanidade.

O método científico não foi entendido como um refinamento dos processos usuais de perceber, resolver problemas e articular conhecimento – funções essenciais para o cotidiano de qualquer pessoa. O conhecimento resultante não aparecia como uma representação, isto é, uma transformação mental da realidade diferente das habituais, por obedecer a critérios racionalmente estabelecidos, e, no entanto, sujeitos às mesmas distorções que qualquer percepção humana. Científico tornou-se sinônimo de verdadeiro. Subrrepticiamente, a ciência quase se converte em religião (Japiassu, 2001; Silva, 1993).

Assim, o critério de verdade muitas vezes se confunde, na ciência, com o que é objetivo – aquilo que pode ser mensurado e controlado; descrição, explicação, predição e controle são fins a serem alcançados. O sujeito de conhecimento, nesse contexto, tornar-se-á mais um entre as múltiplas variáveis, cuja interferência deve ser paulatinamente anulada. Por consequência, tal sujeito será progressivamente anulado em detrimento de uma suposta neutralidade no ato de conhecer, como se a possibilidade de conhecimento pudesse apresentar-se sem a interferência do sujeito que o produz (Zusman, 1988).

A objetividade pretendida recorta e coloca o objeto e o sujeito de conhecimento numa situação relacional peculiar. Do objeto, afasta o que não pode ser objetivado e mensurado; o sujeito é reduzido a um ser passivo que apenas reproduzirá, como um espelho, de acordo com a depuração de seus sentidos e dos instrumentos especiais que os prolongam, e com o conhecimento apropriado e preciso do objeto (Rezende, 1987).

Se a anulação da subjetividade no sujeito se torna condição necessária para o conhecimento científico, qualquer sujeito poderá atingir os mesmos resultados, revelando um conhecimento fidedigno. Agora, entretanto, a condição principal é que ele seja treinado. O domínio metodológico o capacitará a atingir o objeto e a revelar saberes que possam ser verificados quando o mesmo caminho for percorrido. É a depuração do sujeito pelo método (Omnès, 1996).

Em linhas gerais e dentro desse contexto, talvez possamos singelamente resumir dois movimentos do saber científico. O primeiro recorta um aspecto da realidade segundo critérios definidos, em que o sujeito se apresenta como uma *tabula rasa* de registro de dados e o objeto "falaria" no e por meio dele, sendo necessários para isso treino, apuração dos sentidos e domínio dos instrumentos. Essa relação de características arbitrárias, cujo propósito é manter a neutralidade, logo se mostra falaciosa, tornando necessário, o segundo momento, ou seja, a escolha de meios e de procedimentos que, se aplicados sob condições iguais, propiciam

DA PSICOLOGIA
CONTEMPORÂNEA

os mesmos resultados. Cria-se, pois, a necessidade de um método que garanta ao conhecimento obtido uma representação adequada e eficaz (Japiassu, 1982).

Com o estabelecimento de tais exterioridades, o real tenderá a ser reduzido aos dados obtidos. É nesse instante que a psicanálise se introduz no processo de conhecimento como novidade, estendendo o universo da ciência para o próprio sujeito na sua relação com o objeto (Safra, 1993; Silva, 1993).

Esse novo trajeto surge quando Freud aborda a transferência que supera as dicotomias existentes entre sujeito e objeto, objeto e método, causa e efeito. Aparece, pela primeira vez na história da ciência, a tentativa de captar como objeto, como parte determinante do real, o sujeito em sua constituição. A novidade será encontrada num novo tipo de relação, não mais sujeito-objeto, mas entre dois sujeitos. O objeto, no contexto da transferência, não será algo morto, que se submete às manipulações de alguém; pelo contrário, será vivo, com dinâmica própria, que escapará às pretensões da previsibilidade absoluta e do controle (Rezende, 1987; 2000; Safra, 1993; Silva, 1993).

Dessa relação única entre dois sujeitos, a psicanálise, na busca do particular, encontra o universal, as significações próprias do humano, do vivo que se revela. Quando formula suas teorias, o particular dissolve-se em outras significações não vivas; assim, não mantém qualquer correlato com sua fonte de origem, tornando-se uma pequena ficção do que realmente foi. A representação fracassa: o particular mostra-se inquebrantável e se dissolve em outras significações; o si próprio não se deixa representar. As consequências, claras e óbvias, estabelecem-se estremecendo o universo dominado pelo conhecimento científico, o ultrapassar da representação adequada (Assoun, 1983; 1996; Mezan, 1993; Safra, 1993; Silva, 1993).

Em seu artigo sobre metapsicologia, Freud (1990d) aponta que um instinto nunca pode se tornar objeto da consciência – só a ideia que o representa pode. Além disso, mesmo no inconsciente, um instinto não pode ser representado de outra forma a não ser por uma ideia. Se o instinto não se prendeu a uma ideia ou não se manifestou como um estado afetivo, nada poderemos conhecer sobre ele.

Essa peculiar formulação de Freud nos permite conceber o homem como um animal destacado de outras espécies vivas, por ter a capacidade de representação simbólica. Cria e recria suas representações a cada movimento instintual renunciado. É nesse terreno que a psicanálise encontra a sua fertilidade. As representações são sempre fluxos a advir, criações ininterruptas; o inconsciente, um universo inesgotável de possíveis significações (Rezende; Gerber, 2001).

O que poderíamos dizer, então, das pretensões científicas de Freud? Seria possível que a psicanálise fosse reconhecida como uma disciplina científica?

Parece que estamos sempre a caminho, tangenciando o velho com a força do novo. A psicanálise não é uma ciência nos moldes propostos pelas ciências naturais, pois resgata o homem de seu estado bruto e o eleva à categoria de homem inserido e imerso na cultura. Está no mesmo trem da ciência, que viaja pelos trilhos do conhecimento; porém, apresenta-se como um passageiro que incomoda e é incomodado. Está no trem do saber humano que para em algumas estações, mas continua sempre rumo ao desconhecido, ao infinito (Capitão, 1999).

DA PSICOLOGIA
CONTEMPORÂNEA

Trata-se de adotar uma postura globalmente caracterizada pela capacidade negativa (de negar o que antes foi afirmado) e de não permitir que se consolide como dogma o que as pesquisas nos permitiram descobrir. Essa capacidade faz um físico da envergadura de Stephen Hawking (2001) negar a própria física, não como um principiante o faria, mas, e acima de tudo, como alguém que foi até onde podia ir e não chegou. No campo da psicanálise, a capacidade negativa é uma das qualidades do pesquisador maduro, experiente e capaz de reconhecer que a mente humana é muito mais surpreendente do que tudo o que descobrimos até agora a seu respeito (Rezende, 2000).

Formulações sobre o objeto e o método da psicanálise

Para que um objeto se constitua, é necessário que ocorra um recorte arbitrário, realizado pelo sujeito cognoscente, em que é destacado apenas aquilo que ele é capaz de experenciar, isto é, o fenômeno apresenta-se de acordo com a capacidade do sujeito de aprender e conhecer. Assim, ter-se-á uma representação mental do fato recortado em objeto, diferente em cada sujeito cognoscente (Severino, 1996; Turato, 2003).

Se levarmos tal formulação em conta e a aplicarmos à obra psicanalítica, teremos como resultado distintas representações mentais, com recortes parciais e diversificados. Desse modo, não seria estranho a discussão que envolve o objeto e o método da psicanálise apresentar como característica a multiplicidade de formulações, em que a única maneira de buscar as essências imanentes dar-se-á pelo confronto não dogmático e aberto do diferente (Klimovsky, 1989).

Em torno do objeto da psicanálise, encontramos diversas apreensões que nos levam, por diferentes caminhos, a múltiplas psicanálises com variâncias que agitam e fazem a comunidade psicanalítica procurar algo que garanta sua identidade.

Para alguns, o objeto privilegiado da psicanálise é o imaginário, o desejo; para outros, é a história das apropriações da realidade, uma história individual das categorias, em que sujeito e objeto de conhecimento coincidem e não são dados; outros, ainda, postulam como objeto o irracional, o inconsciente (Gores, 1963; Meyer, 1993; Mezan, 1993; Ogden, 1996; Rezende, 1987; Telles, 1987).

A variedade das escolhas implicará a multiplicidade metodológica que arrepia os positivistas deterministas. Wittgenstein (1996), o demolidor de teorias, apontava na psicologia a existência de confusão conceitual. Esse apontamento talvez sirva para a psicanálise, mas, em parte, é dependente do referencial. A confusão é relativa, pois todo conjunto conceitual, separadamente, será ou não apropriado de acordo com o objeto escolhido. Ela se estabelece quando se pensa que os conceitos formulados referem-se ao mesmo recorte, ao mesmo objeto.

Segundo Herrmann (1988), para ser amplo e ter elasticidade para com as variantes, o método é a própria clínica reduzida a seus elementos essenciais; se o descurarmos, torna-se fixa e repetitiva nossa operação concreta, pois em algo temos de nos fixar. Se esclarecermos ao máximo a dimensão constante da clínica, o método, justamente para libertar sua execução concreta, possibilitará a arte de analisar.

DA PSICOLOGIA
CONTEMPORÂNEA

Será apenas um método interpretativo, mas com inúmeros movimentos distintos, aproximações e recuos, conversas, silêncios, interjeições e explicações; tantas serão suas atitudes quantas forem as formas evocadas pelo analisando.

Parece, então, que o objetivo dessa depuração, isto é, o conhecimento preciso do método, abriria a possibilidade de uma maior liberdade no âmbito da clínica. Assim, alguns aspectos técnicos e teóricos – como dificuldade de contato, características especiais da relação transferencial, neuroses, psicoses, desordens de caráter – pertenceriam ao fenômeno humano estudado pelo mesmo método, como no exemplo da física, que aborda a óptica, a termologia e a estrutura da matéria, sem perder a sua identidade científica.

O método psicanalítico implica uma série de condições formais (enquadre), como a criação de um contexto específico – lugar que possibilite a expressão de seu funcionamento e a sua apreensão –, e deve ter como objetivo principal permitir que o processo terapêutico se faça. Um analista pode interpretar, amparado na técnica e na teoria, uma obra de arte, uma piada, um fato do cotidiano, uma obra literária, uma organização ou um grupo. É a interpretação que caracteriza o método da psicanálise e o que lhe dá identidade (Herrmann, 1991b; Meyer, 1993).

A interpretação psicanalítica, como um caso particular, ocupa um espaço destacado na literatura e na prática da psicanálise. Insere-se em sua história antes mesmo de sua constituição. Nas obras escritas por Freud, como *Interpretação dos sonhos* (1990a) e *Psicopatologia da vida cotidiana* (1990b), encontramos um determinado estilo interpretativo que se mostra anterior à situação analítica propriamente dita.

Constituída a situação analítica, é estabelecido o campo transferencial. A interpretação, além de se referir a esse campo, vai nele operar. Assim, rompe o conjunto de pressupostos em que as representações do paciente ou de um grupo se sustentam, possibilitando uma ruptura de campo, expondo as propriedades e os pressupostos de como ele foi constituído, e abre a possibilidade de visualização de como poderia se estruturar num novo campo ou de como outras representações poderiam ser construídas (Herrmann, 2001).

A interpretação surge no contexto analítico, baseada no campo transferencial estabelecido do jogo mental que se evidencia, tendo suas raízes no desejo, na fantasia e no delírio. "Talvez nasça, em última instância, do encontro de dois seres desejantes que, quer queiram ou não, trabalham a quatro mãos" (Figueira, 1988, p. 24).

Segundo Meyer (1993), como instrumento do método, a interpretação não se limitaria a fornecer um outro (oculto) sentido ao discurso do paciente, mas a desvendar a existência, a presença e a atuação de formas de vida psíquica não percebidas e tão reais e ativas quanto as que estão sob o domínio da percepção. Servindo ao método e dirigindo-se ao campo por ele balizado, a interpretação torna-se uma intervenção disruptora, uma prática confrontadora, que intercala uma cunha na compulsão à repetição, impondo uma diferença e implicando uma divergência.

Por fim, podemos nos perguntar: como seria a característica da interpretação psicanalítica?

Em seu excelente livro *Fundamentos da técnica psicanalítica*, Etchegoyen (1989) dedica dez capítulos apenas à interpretação e um capítulo aos aspectos epistemológicos da interpretação psicanalítica, por ser o método essencialmente interpretativo. Afastamos hoje as interpretações tautológicas, ou seja, aquelas que encontram o que buscam ou aquelas que, fora de contexto, se aplicam a tudo. Todas são mais produto da cabeça do próprio interpretante do que do fenômeno ou fato objetivado.

Herrmann (1988; 1991a; 1991b; 1997; 1998; 1999; 2001) dedicou praticamente toda a sua obra e vida à discussão do método da psicanálise, especialmente à interpretação psicanalítica. Sua finalidade, entre outras, era a depuração metodológica, procurando livrar o método interpretativo das teorias consolidadas, em que, por vício da própria técnica, a interpretação poderia ser apenas um reflexo ou um efeito das teorias preferenciais de um psicanalista.

Com base em duas de suas obras, *Clínica psicanalítica: a arte da interpretação* (1991a) e *Psicanálise da crença* (1998), tentarei traçar um pequeno panorama de como a interpretação era entendida e da sua principal função: a ruptura de campo. O resultado das formulações faz com que a psicanálise avance no seu modo de fazer ciência e se integre às outras disciplinas científicas, sem desconsiderar o seu próprio método.

Interpretação e representação: campo e ruptura

Assistimos maravilhados à invenção da pausa para a representação; este novo estado do homem, onde os símbolos conquistam seu lugar, a ação sopesa seus motivos, a cidade se constitui em torno da meditação e é defendida pela ação organizada (...), a vida civilizada, cuja invenção aludem os poemas homéricos, depende de uma laboriosa diferenciação entre o reino do contágio e o plano superficial da representação. (Herrmann, 1991a, p. 108-9).

A figura homérica do escudo de Aquiles exemplifica muito bem a origem, a finalidade e a manutenção da representação como um construto essencialmente humano, que retira o homem de seu estado fusional do mundo das coisas para erigi-lo como verdadeiramente humano. O escudo pode ser imaginado contendo duas faces: na interna, estaria representada a identidade do sujeito – como ele se reconhece, as representações constituídas pelo desejo; a outra representaria o resto do mundo, que denominamos realidade.

A psicanálise, como uma prática humana que alude em essência à humanização do homem, uma ciência e uma arte entre as ciências, parece conter algo característico da herança homérica.

Justamente Homero, o cego, pôde enxergar com a beleza de sua poesia o momento exato em que o homem se humanizou e deixou o reino do contágio, da efervescência e da indiscriminação das pulsões, para, numa pausa, declamar sua linhagem, para quê havia vindo e o quê representava; assim, deu sentido a si mesmo e às suas ações que, por mais contagiadas pelo amor e pelo ódio, ganharam significados, organização e finalidade.

Deitado no divã, o paciente, com sua ação suspensa livremente como os guerreiros em sua pausa, divaga sobre a sua história que, por mais diferente e distante de outros semelhantes, mostra sua descendência de uma matriz. No caso dos

DA PSICOLOGIA
CONTEMPORÂNEA

guerreiros, Zeus; no do analisando, seu mundo interno, suas paixões renunciadas e suas representações erigidas e mantidas firmemente pela crença na sua legitimidade.

Sentado, às vezes confortavelmente, com a atenção dispersa, o analista escuta aquele que se deita à sua frente declamando sua linhagem, contando sua história, num intervalo quase inefável que se interpõe à luta do quotidiano – menos feroz que as batalhas homéricas, mas não por isso menos perigosa, sob as nuvens que ameaçam com a tempestade da desorganização, da indiferenciação e da fusão que anula as identidades.

Analista e analisando encontram-se num lugar específico, onde o espaço e o tempo são mais do que relativos. O eu, o não-eu, o passado, o presente e o futuro mesclam-se num aqui-e-agora; o campo é criado, às vezes, como os de batalha, onde inimigos íntimos se encontram. Nele, as representações serão declamadas e mostrarão sua fraqueza, assim como o lindo escudo empunhado por Aquiles, ostentado com orgulho, não conseguiu proteger seus ágeis pés nem livrá-lo do seu destino. No campo transferencial, outros tantos escudos serão empunhados – muitas vezes com altivez, outras com violência e outras, ainda, com sofrimento e fraqueza. Todos terão em comum a tentativa de apresentar apenas o coerente, o não contraditório, relegando às suas bordas resquícios do que foi proscrito, assim como pequenas marcas do desejo renunciado e sequelas do real de que se destacou.

O analista ouve e, quando fala, marca sua presença. Esteve presente o tempo todo, mas sua comunicação parece estranha e não dirigida a quem, até então, relatava a epopeia de sua vida. A escuta do analista encontra as reminiscências abandonadas e renunciadas, além dos motivos que fizeram que um universo de coisas não tenha sido representado ou tenha sido figurado de formas diferentes. Sua fala, parida do campo que aferiu sua escuta, operará incisivamente no analisando para romper o campo estabelecido e mexer com o conjunto de crenças que até o momento mantinha a identidade e a autorrepresentação.

A angústia e a dor são geradas; a crise de identidade estabelece-se, expondo as características do campo e de como este foi articulado desde sua origem. A desarticulação momentânea propicia uma situação especial no continente mental, em que um fato novo pode facilitar a estruturação de um novo campo no qual as representações poderão se assentar. A crise de identidade, a desarticulação e o rompimento do campo necessitam da suportabilidade do caos que se avizinha; uma dose de tolerância à frustração, por assim dizer, faz-se necessária para que outros campos sejam novamente articulados e novos pressupostos mantenham diferentemente as representações.

Quando um novo campo é restabelecido, os escudos são outra vez empunhados; porém, a operação repete-se e o campo será rompido, deixando à mostra calcanhares vulneráveis, novas crises, outros campos etc. A interpretação, essa sonda que vaga pelo espaço do inconsciente sem destino, sempre emite sinais de novas formas de vida psíquica, de outros mundos a serem descobertos.

Porém, antes dessa descoberta, precisamos firmar nossas mãos na alça interior do nosso escudo, para sustentá-lo com firmeza, e acreditar na sua eficácia; essa crença nos faz desfilar pelo mundo com mais ou menos temor, mas acreditando no que nele está representado – a crença mantenedora da representação. A interpretação abala as nossas convicções, possibilitando a saída de um universo restrito, como o do crente dogmático, em que tudo é pecado e motivo de punição. Convida-nos a embarcar numa bela viagem no interior do humano, até que a profecia (a vida de cada um) se cumpra, com mais ou menos glória.

Conclusões

A psicanálise, em mais de cem anos de existência, conseguiu acumular uma quantidade considerável de conhecimentos sobre o seu principal objeto – o inconsciente. Gerou inúmeras escolas ou tendências dentro de si mesma, cujas formulações nem sempre se complementam ou se somam. No entanto, todo conhecimento produzido não surgiu espontaneamente, mas foi obtido por meio de algum tipo de pesquisa, que se consolidou nos domínios da clínica com um corpo teórico não coeso, mas que garante um conjunto de hipóteses consideráveis a serem testadas também fora dela.

Existem duas correntes que se enfrentam hoje na psicanálise. Uma defende que os métodos científicos tradicionais, úteis para desenvolver o conhecimento no domínio do inanimado, não podem ser aplicados ao campo do ser vivo, pois os fenômenos psíquicos não teriam peso, cheiro, cor, tamanho, e assim não estariam disponíveis para serem mensurados. Em contrapartida, outra aponta para o fato de que as teorias e os conceitos são passíveis de estudo pelos métodos científicos tradicionais. Nessa última corrente, podemos encontrar as técnicas projetivas – uma fonte inesgotável de pesquisa para se avaliar as teorias e os conceitos oriundos da clínica, mas que a ela não se reduzem.

DA PSICOLOGIA
CONTEMPORÂNEA

Referências

ANDRADE, V. M. *Um diálogo entre a psicanálise e a neurociência*. São Paulo: Casa do Psicólogo, 2003.

ASSOUN, P. L. *Introdução à epistemologia freudiana*. Rio de Janeiro: Imago, 1983.

_____. *Metapsicologia freudiana: uma introdução*. Rio de Janeiro: Zahar, 1996.

BLEGER, J. *Psicologia da conduta*. Porto Alegre: Artes Médicas, 1989.

BRONOWSKI, J. *O homem e a ciência: o senso comum da ciência*. São Paulo: Edusp, 1977.

CAMPOS, L. F. de L. *Métodos e técnicas de pesquisa em psicologia*. Campinas: Alínea, 2001.

CAPITÃO, C. G. Psicanálise e ciência: algumas considerações. *PSICO-USF*, Bragança Paulista, v. 4, n. 1, p. 25-36, 1999.

DAWKINS, R. *O relojoeiro cego*. Lisboa: Edições 70, 1986.

_____. *Desvendando o arco-íris:* ciência, ilusão e encantamento. São Paulo: Cia das Letras, 2000.

ETCHEGOYEN, R. H. *Fundamentos da técnica psicanalítica*. 2. ed. Porto Alegre: Artes Médicas, 1989.

FEYERABEND, P. *Contra o método*. Rio de Janeiro: Francisco Alves, 1989.

FIGUEIRA, S. A. O problemático prestígio da interpretação. *IDE*, n. 14, p. 21-23, 1988.

FOUREZ, G. *A construção das Ciências:* introdução à filosofia e à ética das ciências. São Paulo: Unesp, 1995.

FREUD, S. A interpretação dos sonhos. In: *Obras Completas*. Rio de Janeiro: Imago, 1990a. v. V.

_____. A psicopatologia da vida cotidiana. In: *Obras Completas*. Rio de Janeiro: Imago, 1990b. v. VI.

_____. Sobre o narcisismo: uma introdução. In: *Obras Completas*. Rio de Janeiro: Imago, 1990c. v. XIV.

_____. Artigos sobre metapsicologia. In: *Obras Completas*. Rio de Janeiro: Imago, 1990d. v. XIV.

GAY, P. *Freud:* uma vida para o nosso tempo. São Paulo: Companhia das Letras, 1989.

GORES, A. *Método e experiência da psicanálise*. Petrópolis: Vozes, 1963.

HAWKING, S. *O universo numa casca de noz*. São Paulo: Mandarim, 2001.

HERRMANN, F. Quatro notas brevíssimas sobre o método psicanalítico. *IDE*, n. 15, p. 12-16, 1988.

_____. *Clínica psicanalítica:* a arte da interpretação. São Paulo: Brasiliense, 1991

_____. *O método da psicanálise*. São Paulo: Brasiliense, 1991b.

_____. *Psicanálise do quotidiano*. Porto Alegre: Artes Médicas, 1997.

_____. *Psicanálise da crença*. Porto Alegre: Artes Médicas, 1998.

_____. *A psique e o eu*. São Paulo: Hepsychè, 1999.

_____. *Introdução à teoria dos campos*. São Paulo: Casa do Psicólogo, 2001.

JAPIASSU, H. *Introdução à epistemologia da psicologia*. Rio de Janeiro: Imago, 1982.

_____. *A revolução científica moderna*. São Paulo: Letras & Letras, 2001.

KLIMOVSKY, G. Aspectos epistemológicos da interpretação psicanalítica. In: ETCHEGOYEN, R. H. *Fundamentos da técnica psicanalítica*. Porto Alegre: Artes Médicas, 1989. p. 269-283.

LAPLANCHE, J.; PONTALIS, J. B. *Vocabulário da psicanálise*. São Paulo: Martins Fontes, 1983.

MEYER, J. O método psicanalítico. In: SILVA, M. E. L. (coord.). *Investigação e psicanálise*. Campinas: Papirus, 1993. p. 27-48.

MEZAN, R. *A trama dos conceitos*. São Paulo. Perspectiva, 1982.

_____. Que significa pesquisa em psicanálise? In: SILVA, M. E. L. (coord.). *Investigação e psicanálise*. Campinas: Papirus, 1993. p. 49-90.

OGDEN, T. *Os sujeitos da psicanálise*. São Paulo: Casa do Psicólogo, 1996.

OMNÈS, R. *Filosofia da ciência contemporânea*. São Paulo: Unesp, 1996.

POPPER, K. R. *A lógica da investigação científica*. São Paulo: Abril Cultural, 1980.

REZENDE, A. M. Psicanálise e filosofia das ciências: a questão da verdade. In: IDE, n. 14, p. 21-24, 1987.

_____. *O paradoxo da psicanálise:* uma ciência pós-paradigmática. São Paulo: Via Lettera, 2000.

_____.; GERBER, I. *A psicanálise atual na interface das novas ciências*. São Paulo: Via Lettera, 2001.

ROSSI, P. *A ciência e a filosofia dos modernos*. São Paulo: Unesp, 1992.

SAFRA, G. O uso de material clínico na pesquisa psicanalítica. In: SILVA, M. E. L. (coord.) *Investigação e psicanálise*. Campinas: Papirus, 1993. p. 133-158.

SEVERINO, A. J. *Metodologia do trabalho científico*. São Paulo: Cortez, 1996.

SILVA, M. E. L. Pensar em psicanálise. In: SILVA, M. E. L. (coord.). *Investigação e psicanálise*. Campinas: Papirus, 1993. p. 133-158.

TELLES, V. S. Ciência e psicanálise: problemas. *IDE*, n. 14, p. 38-41, 1987.

TURATO, E. R. *Tratado da metodologia da pesquisa clínico-qualitativa*. Petrópolis: Vozes, 2003.

WITTEGENSTEIN, L. *Investigações filosóficas*. São Paulo: Nova Cultural, 1996.

ZUSMAN, W. A psicanálise como ciência. *IDE*, n. 16, p. 15-18, 1988.

2

CONSIDERAÇÕES ACERCA DO CIÚME ROMÂNTICO E SUAS MANIFESTAÇÕES

Lucas de Francisco Carvalho[1]
Fernanda Kebleris[2]
José Maurício Haas Bueno[3]

A psicologia é uma ciência caracterizada pelo estudo de fenômenos humanos subjetivos, o que frequentemente resulta na dificuldade de operacionalizar os construtos analisados. Dentre esses fenômenos, o ciúme é comumente manifestado nas relações interpessoais, como, por exemplo, entre parceiros em relacionamentos amorosos, entre pais e filhos, entre irmãos ou entre amigos (Harris, 2005). Refletindo sobre essas inúmeras possibilidades de manifestações, o ciúme é verbalizado muitas vezes como ciúmes.

Uma das dificuldades relacionadas ao estudo do ciúme é defini-lo de maneira clara e precisa e diferenciá-lo de outras reações humanas (Sagarin; Guadagno, 2004). Essa dificuldade pode ser notada tanto na prática científica quanto

---

[1] Universidade São Francisco.
[2] Universidade Presbiteriana Mackenzie.
[3] Universidade São Francisco e Universidade Presbiteriana Mackenzie. E-mail: jmhbueno@uol.com.br

popularmente. Um problema comum é a utilização dos termos ciúme e inveja como sinônimos. Publicações como os dicionários e a bíblia são exemplos de fontes populares de consulta que apresentam essa confusão.

O *Novo dicionário Aurélio de língua portuguesa* (Ferreira, 1986, p. 414), por exemplo, define ciúme como um "sentimento doloroso que as exigências de um amor inquieto, o desejo de posse da pessoa amada, a suspeita ou a certeza de sua infidelidade, fazem nascer em alguém", e admite a inveja como seu sinônimo. A mesma falta de discriminação pode ser identificada na bíblia, que, de acordo com o idioma utilizado na tradução, ora utiliza o termo ciúme, ora inveja (Harris, 2005).

No âmbito das publicações científicas, esperava-se encontrar dicionários de psicologia que apresentassem um cuidado maior ao definir esses dois importantes fenômenos humanos. Porém, isso não foi verificado. Alguns não trazem uma definição para ciúme, como o *Dicionário de psicologia*, organizado por Arnold, Eysenck e Meili (1976). Já o *Dicionário de Psicologia* de Warren (1993, p. 109) apresenta um conceito para ciúme, mas não para inveja. Segundo essa obra, o ciúme é um "sentimento ou [uma] atitude social, de caráter penoso, suscitado no indivíduo ao ver que outro consegue ou possui o que a ele mesmo falta e deseja". É discutível se essa definição se aplica ao conceito de ciúme, como apresentado, ou ao de inveja.

A fim de resolver essa problemática da distinção, Parrott, Gerrodl e Richard (1993) realizaram uma pesquisa que permitiu a proposição do ciúme como uma reação que ocorre quando uma pessoa sente que pode perder, ou que já perdeu, um importante relacionamento com uma pessoa para um rival; e da inveja como uma reação que ocorre quando uma pessoa deseja o que outra tem ou, ainda, almeja que a outra pessoa não tenha algo que se quer ter.

O termo ciúme apresenta diversas definições e pode ser abordado sob diferentes pontos de vista. Além disso, sua distinção com relação a outros conceitos, especialmente à inveja, ainda não é muito clara. Essas diferenças, no entanto, podem ser compreendidas mais como complementares do que como excludentes, pois, como outros fenômenos psicológicos, o ciúme pode apresentar múltiplos desencadeadores e diversas explicações para o seu aparecimento.

Uma das possibilidades de manifestação do ciúme é denominada de ciúme romântico, o tipo experimentado em relacionamentos amorosos. Os estudos referentes apontam ora para uma reação humana saudável ora para uma psicopatologia, e, ainda, para uma possível comorbidade com outras patologias. A dificuldade de estabelecer fronteiras claras entre essas formas de manifestação dificulta o estudo do ciúme, que é apontado como uma problemática frequente no contexto clínico – relacionada a diversas implicações relevantes no desenvolvimento e na manutenção de relacionamentos amorosos (Costa, 2005; Leite, 2001).

Um dos impactos sociais negativos e indesejáveis do ciúme é ser apontado como fator de motivação em casos de homicídios, violência doméstica e outros contextos de agressões física e verbal (Kingham; Gordon, 2004; Mullen; Martin, 1994; Pillai; Kraya, 2000; Soyka; Naber; Völcker, 1991). Porém, a despeito das graves consequências de sua manifestação patológica, os estudos sobre o tema ainda são muito escassos, principalmente na realidade brasileira.

DA PSICOLOGIA
CONTEMPORÂNEA

Dessa maneira, este capítulo pretende apresentar as principais abordagens sobre o ciúme romântico saudável e as principais características de sua manifestação patológica. Também serão abordados alguns fatores centrais que dificultam o estudo do ciúme romântico (saudável e patológico) e alguns aspectos relacionados ao impacto social desse fenômeno. Em paralelo, embora o termo ciúme patológico seja empregado no texto, os autores discutem diversos conceitos e implicações da manifestação patológica do ciúme romântico, levantando uma questão sobre a pertinência de considerá-lo uma patologia ou não.

Caracterizações do ciúme romântico

Segundo Kingham, Gordon (2004) e Costa (2005), o ciúme romântico pode ser entendido como uma reação diante da ameaça de um rival, real ou não, a um relacionamento amoroso considerado importante. Assim, configura-se como um mecanismo sinalizador para possíveis ocorrências de infidelidade (Buss, 2001). É uma reação extremamente comum e chega a ser apontado como um fenômeno universal (Kingham; Gordon, 2004; Mullen; Martin, 1994); particulariza-se pela difícil distinção entre suas manifestações saudável e patológica (Torres; Ramos-Cerqueira; Dias, 1999; Westlake; Weeks, 1999), pois, ao mesmo tempo que tem a função de proteger um relacionamento amoroso, pode destruí-lo (Ramos; Calegaro, 2001).

Uma revisão na literatura aponta, com frequência, para duas vertentes teóricas que se propõem a explicar o desenvolvimento do ciúme romântico em seres humanos. De um lado, pautada nos pressupostos evolucionistas, a proposta denominada *Jealousy as a Specific Innate Module* (JSIM) (Harris, 2005; Shackelford; Buss; Bennett, 2002). De outro, a proposta formulada por teóricos da psicologia sociocognitiva, denominada *Social Cognitive Theory of Jealousy* (SCTJ) (Harris, 2003).

Segundo os psicólogos evolucionistas, o ciúme romântico é um mecanismo inato que se desenvolveu por motivos diferentes em homens e mulheres durante a história da evolução humana (Buss; Larsen; Westen, 1996; Buss; Larsen; Westen; Semmelroth, 1992). Nas mulheres, estrutura-se como um mecanismo sinalizador de uma situação de risco em perder o homem que lhe garante os recursos necessários à sobrevivência. Nos homens, como mecanismo destinado a garantir a transmissão de suas características genéticas a seus descendentes, uma vez que não têm a garantia de os filhos serem seus – caracterizando o que os teóricos denominaram incerteza da paternidade (Buss *et al.*, 1992). Segundo a proposta evolucionista, portanto, o ciúme manifesta-se de maneira distinta entre os sexos; o do homem deve se manifestar com maior frequência e intensidade em contextos de infidelidade sexual, e o da mulher, em contextos de infidelidade emocional (Buss *et al.*, 1996).

Partindo de outra perspectiva, a teoria sociocognitiva do ciúme pauta-se, sobretudo, em aspectos sociais e do processamento cognitivo (Harris, 2003; 2005). A maior ênfase está na relevância das experiências de vida como variáveis de influência na manifestação do ciúme e nas crenças desenvolvidas pelo indivíduo.

Dois fatores fundamentais, segundo a SCTJ, podem ter maior impacto na experiência do ciúme e, portanto, em sua manifestação. O primeiro fator refere-se às crenças envolvidas no relacionamento amoroso, como as ligadas à infidelidade do parceiro. O segundo diz respeito aos aspectos do autoconceito, da autoestima ou de outra representação de si, que são desafiados por um rival (Harris, 2005).

A partir da SCTJ, entende-se que a interpretação e a avaliação do indivíduo a respeito de ameaças ao relacionamento amoroso são um importante fator a ser investigado no ciúme, pois é a partir dessa interpretação e avaliação que o indivíduo (re)age no cotidiano. Sempre que o parceiro interpretar que o relacionamento está ameaçado, uma reação típica de ciúme romântico aparecerá. Portanto, para os teóricos, existe um mesmo processo básico em situações de ciúme tanto em relacionamentos amorosos quanto em outras formas, como o relacionamento entre irmãos (Harris, 2003).

Assim, o ciúme romântico é um fenômeno construído ao longo da vida de cada indivíduo; diferencia-se no que diz respeito à sua manifestação (topografia do comportamento, intensidade e frequência das reações), de acordo com as experiências particularmente vivenciadas e não necessariamente varia de acordo com o sexo (Harris, 2005), como é proposto pela JSIM. Esta é uma das diferenças mais relevantes entre as duas teorias: enquanto a JSIM propõe a diferença entre os sexos na manifestação e função do ciúme, a SCTJ sugere uma diferença na manifestação do ciúme entre os indivíduos, mas não necessariamente entre os sexos, como aponta Harris (2005).

Para investigar a validade da hipótese da SCTJ e testar a da JSIM, diversos estudos vêm sendo conduzidos. Para tanto, usualmente são utilizados dois diferentes tipos de escala: o *forced-choice* (escolha forçada) e o *continues measures* (mensurações contínuas). O uso dessas escalas nas pesquisas tem resultado em diferentes dados acerca da distinção entre os sexos em relação ao ciúme (Harris, 2005; DeSteno; Barlett, Braverman; Salovey, 2002).

De modo geral, as pesquisas que utilizam instrumentos com escalas de escolha forçada tendem a encontrar resultados que sugerem uma diferença nas reações do ciúme romântico a partir dos gêneros. De outro, quando o instrumento usa escalas de mensuração contínua, frequentemente escalas *Likert*, verifica-se uma diferença nas manifestações de ciúme mais atreladas a disparidades individuais (ontogenéticas) do que entre os sexos (filogenéticas) (Harris, 2005).

Apesar do número de trabalhos realizados a partir dos pressupostos da JSIM e da SCTJ, o conceito de ciúme romântico que embasa essas duas teorias – como sinalizador de infidelidade no relacionamento – não é consenso entre os autores. Por exemplo, Todd, Mackie e Dewhurst (1971) definem esse tipo de ciúme de modo objetivo, ainda que num formato menos operacional em comparação ao conceito utilizado pelas teorias citadas anteriormente. Segundo esses autores, trata-se de um modo de pensar e de um estado emocional: o resultado de uma mistura de emoções iniciadas por uma afronta aos instintos de acasalamento, autodefesa e aquisição.

Outros estudos sugerem que o ciúme romântico é uma reação à ameaça da autoestima, mesmo que a relação entre os dois fatores não esteja tão clara e, talvez por isso, não seja consenso entre os autores (Mullen; Martin, 1994; Soyka *et al.*,

1991; Torres *et al.*, 1999). Por sua vez, Todd *et al.* (1971) afirmam que muitos componentes predispostos ao ciúme podem ser agrupados, pois têm em comum o desencadeamento da sensação de desvantagem em relação aos outros na luta por um parceiro. Sobre isso, Mullen e Martin (1994) acrescentam que há a possibilidade de que um desses componentes seja a autoestima.

Em paralelo, as explicações apresentadas para o surgimento do ciúme, tanto com base na JSIM como na SCTJ, não englobam outro relevante fator que se destaca no estudo do ciúme romântico: sua manifestação patológica. Não foram encontradas na literatura hipóteses com o objetivo de teorizar sobre o desenvolvimento do ciúme patológico. Entretanto, é possível compreender alguns de seus aspectos funcionais a partir de propostas da psiquiatria e do entendimento de outros transtornos mentais.

Indivíduos cognitivamente saudáveis (cujos pensamentos não têm como consequência reações prejudiciais) manifestam o ciúme diante de evidências de infidelidade, estão preparados para modificar suas crenças e reações e percebem um único rival. Em contrapartida, algumas pessoas interpretam ocorrências irrelevantes como evidências de infidelidade, recusam-se a mudar suas crenças, mesmo diante de informações conflitantes, e tendem a acusar o parceiro de infidelidade com outras pessoas. A essas pessoas se diagnostica o ciúme patológico (Kingham; Gordon, 2004).

A manifestação do ciúme patológico

A partir do momento em que a manifestação do ciúme romântico se configura como uma psicopatologia, chamada frequentemente de ciúme patológico, torna-se interesse da psiquiatria e, mais especificamente, da psiquiatria forense (Rassol, 1996; Torres *et al.*, 1999). Contudo, ainda que a incidência do ciúme patológico justifique seu estudo, poucas pesquisas (no campo da psiquiatria ou da psicologia) visam contribuir para o diagnóstico diferencial entre as manifestações patológica e não patológica das reações do ciúme romântico, dificultando a compreensão de sua expressão na vida cotidiana (Michael; Mirza; Mirza; Babu; Vithayathil, 1995).

Segundo Kingham e Gordon (2004), o ciúme patológico é um conjunto de pensamentos e emoções irracionais, somado a comportamentos extremos ou inaceitáveis, em que o tema dominante é a preocupação com a infidelidade do parceiro sexual, sem base em evidências. As pessoas com ciúme patológico tendem a fazer distorções sistemáticas e a cometer erros em suas interpretações e percepções de eventos e informações. Então um evento precipitador, que para a maior parte da população não evidencia infidelidade, possibilita a existência de suspeitas inconsistentes e desencadeia reações de ciúme patológico. Cobb (1979) propõe uma definição similar à de Kingham e Gordon (2004). Segundo ele, o ciúme patológico representa um amplo conjunto de pensamentos angustiantes irracionais, emoções e comportamentos inaceitáveis ou bizarros que partilham de um mesmo tema: a preocupação com a infidelidade do parceiro. Para ambas as definições, verifica-se a existência de pensamentos distorcidos (erros de pensamento).

Pace (1998) entende que o ciúme será considerado patológico se não estiver baseado em evidências e for intenso. Apesar de apontar para fatores passíveis de observação, o autor não apresenta estudos que apontem para diferenças entre reações mais ou menos intensas de ciúme romântico. Todd et al. (1971) afirmam que o ciúme será patológico quando o indivíduo tiver convicção de que o parceiro é infiel; o ciúme gerado tornará o indivíduo agressivo.

Embora diversos autores apontem para as características discriminadas anteriormente quando se referem ao ciúme patológico, são diversas as denominações atribuídas a essa psicopatologia, como ciúme patológico, mórbido, sexual, psicótico, síndrome do ciúme erótico e síndrome de Otelo (Soyka et al., 991). Esta multiplicidade de denominações prejudica a realização de estudos e o entrosamento entre profissionais, refletindo dificuldade na sua avaliação e no seu diagnóstico (Michael et al., 1995; Torres et al., 1999; Westlake; Weeks, 1999).

O ciúme patológico pode ser diagnosticado ainda que o parceiro considerado infiel realmente o seja ou tenha sido (Kingham; Gordon, 2004; Soyka et al., 1991). O diagnóstico não está na avaliação dos fatos, mas na leitura da realidade, das distorções cognitivas, e nas estratégias utilizadas pelo indivíduo que acredita ter sido traído para lidar com a situação. Portanto, o profissional da saúde mental pode se preocupar menos com a veracidade das crenças de infidelidade do paciente em relação ao parceiro e com o conteúdo desses pensamentos, e mais com a avaliação da funcionalidade das reações e da flexibilidade das crenças do paciente diante das situações de ciúme.

Outra possibilidade apontada na literatura para a manifestação patológica do ciúme romântico é a possibilidade de haver outra psicopatologia dominante. Nesses casos, o ciúme patológico é referenciado como uma comorbidade. Dentre as comorbidades mais comuns relatadas, está o Transtorno Obsessivo-Compulsivo (TOC). Seus sintomas e os do ciúme patológico são de difícil distinção, sobretudo no que diz respeito aos pensamentos obsessivos relacionados à infidelidade do parceiro e aos comportamentos compulsivos de verificação (topografia do comportamento), como averiguar os locais que o parceiro frequenta (Cobb; Marrs, 1979; Torres *et al.*, 1995).

Alguns autores sugerem que o ciúme patológico seja uma possibilidade de manifestação do TOC (Cobb; Marrs, 1979; Michael *et al.*, 1995; Torres *et al.*, 1999). Um estudo realizado por Cobb e Marrs (1979) analisou quatro sujeitos diagnosticados com ciúme patológico que apresentavam rituais compulsivos, e chegou à conclusão de que o ciúme patológico pode se diferenciar do TOC na medida em que envolve necessariamente duas pessoas (um casal), o que nem sempre acontece com o diagnóstico do TOC.

Em paralelo, o ciúme patológico pode surgir como comorbidade do abuso de substâncias, de transtornos de personalidade e de psicoses; assim, alguns autores o equiparam a um estado de delírio (Kingham; Gordon, 2004). Apesar das implicações apresentadas para realizar um diagnóstico preciso de ciúme patológico, parece ser consenso entre os autores que o delírio de infidelidade é o principal sintoma característico desta psicopatologia (Soyka *et al.*, 1991). A base do delírio, nesse caso, é limitada somente à desconfiança em relação ao cônjuge, sem a presença de sintomas delirantes diferentes ou ligados a outros contextos. Nos delírios, pacientes com ciúme patológico tendem a ser violentos com o cônjuge e chegam até a cometer crimes.

Porém, o delírio que ocorre no ciúme patológico não deve ser equiparado aos delírios descritos no DSM-IV-TR (2002) como característicos de certos transtornos psicóticos (exemplo: a esquizofrenia), por se circunscrever apenas aos pensamentos de infidelidade (Mukai, 2003). Na prática, no entanto, há uma grande dificuldade em identificar a natureza das crenças de infidelidade de um paciente. As crenças delirantes e as não delirantes são muito similares no discurso verbal, dificultando a distinção entre aquelas que não estão e as que estão baseadas em evidências, respectivamente (Mullen, 2003).

Diferentes autores afirmam que os delírios de infidelidade podem começar a se manifestar após um consumo intenso e frequente de bebidas alcoólicas, apontando para uma possível relação de comorbidade entre o alcoolismo (abuso de substâncias) e a manifestação do ciúme patológico (Kingham; Gordon, 2004; Mullen; Martin, 1994; Torres *et al.*, 1999). Alcoolistas podem desenvolver delírios de infidelidade que, a princípio, se manifestam quando alcoolizados e, com o tempo, persistem mesmo quando o paciente não está sob o efeito do álcool (Michael *et al.*, 1995). Os conteúdos dos delírios, nos casos em que se manifestam a partir do consumo de bebidas alcoólicas, estão frequentemente relacionados aos órgãos e às relações sexuais e ao envenenamento pelo parceiro (Rassol, 1996), sempre envolvendo algum tipo de infidelidade.

Apesar da estreita relação entre o ciúme patológico e o alcoolismo, alguns estudos sugerem que raramente o alcoolismo é a causa primária do ciúme patológico e ocorre apenas em quem tem predisposição a ele (Michael *et al.*, 1995). Portanto, embora frequente, a associação ainda é indefinida. Um estudo realizado por Michael *et al.* (1995) examinou a natureza e prevalência do ciúme patológico em pacientes homens com dependência alcoólica e sua associação com variáveis demográficas. Dos 207 sujeitos alcoolistas encontrados, 34% (71) sofriam de ciúme patológico. Destes, 28% manifestavam o ciúme patológico apenas quando alcoolizados, e 72% o faziam, independentemente do consumo de álcool. A pesquisa assinalou outro importante fator relacionado ao ciúme: a violência. Os resultados indicaram que os homens diagnosticados com ciúme patológico se mostraram mais agressivos física e verbalmente em comparação aos que não se enquadraram aos critérios característicos dessa patologia.

Qualquer relação permeada pelo ciúme romântico pode se caracterizar pela violência, especialmente sua manifestação patológica (ciúme patológico). A literatura reporta casos raros em que médicos de mulheres grávidas se tornaram vítimas dos respectivos maridos, que posteriormente são diagnosticados com ciúme patológico (Pace, 1998). Segundo Kingham e Gordon (2004), a violência doméstica é comumente resultado do ciúme romântico, sobretudo quando se verificam reações atreladas ao patológico.

Um estudo realizado por Dell (1984) aponta que 17% dos casos de homicídios na Inglaterra ocorrem devido ao ciúme romântico, possivelmente em sua manifestação patológica. Resultados semelhantes foram encontrados por Guerra (2004), num levantamento bibliográfico realizado na Universidade Federal de Uberlândia, em Minas Gerais, que abordava temas de violência conjugal e intrafamiliar. Nesse estudo, dos 115 mil processos criminais analisados (todos de 1995), do Tribunal de Justiça de Minas Gerais, 15% eram de crimes contra a mulher e, na maioria dos casos, o réu era o marido ou um parceiro amoroso. Esses dados sugerem que a relação entre violência e ciúme romântico está mais presente em homens do que em mulheres. Outro aspecto dessa associação foi apontado pelo estudo realizado por Taquette, Ruzany, Meirelles e Ricardo (2003), cujo objetivo era verificar se relacionamentos afetivos permeados pela violência estavam associados a um maior risco de DST/AIDS em jovens entre 14 e 22 anos. Entre outros resultados, encontrou-se destacado o uso da violência quando há ciúme romântico (patológico ou não) nas relações afetivas.

Apesar da frequência com que o ciúme se manifesta e do seu impacto para a saúde mental e física, tanto do indivíduo ciumento quanto dos que com ele convivem, não há no Brasil nenhum instrumento disponível para a utilização profissional da avaliação psicológica do ciúme. Em oposição, em outros países, é possível encontrar um número significativo de escalas de ciúme (Ramos, Yazawa; Salazar, 1994), embora seus resultados sejam bastante inconsistentes (Sagarin; Guadagno, 2004). A escala construída por Geary, Rumsey, Bow-Thomas e Hoard (1995), por exemplo, propõe aos participantes que imaginem seu parceiro se relacionando amorosa e profundamente com outra pessoa. Em seguida, cada um deve indicar a intensidade dos sentimentos experimentados numa escala de 0 a 5. Em um segundo momento, os participantes devem imaginar o parceiro relacionando-se sexualmente com outra pessoa, com um processo de resposta semelhante ao da primeira parte. Uma escala similar foi proposta por Sagarin, Becker, Guadagno, Nicastle e Millevoi (2003); porém, esta é pontuada de 0 (não ciumento) a 9 (extremamente ciumento).

Buunk e Hupka (1987) apresentam um instrumento composto por seis afirmações; os participantes devem optar de "concordo muito" a "não concordo nada". Então, são questionados sobre cinco comportamentos que o parceiro poderia ter com outra pessoa (flertar, beijar, dançar, abraçar e relacionar-se sexualmente). Por fim, os sujeitos são questionados sobre as fantasias sexuais do parceiro.

Um instrumento brasileiro foi identificado para a avaliação do ciúme romântico (Ramos et al., 1994). Ele é constituído de 59 itens que os sujeitos devem ler e avaliar de 1 a 5: de "discordo completamente" (1) a "concordo completamente" (5), com as pontuações 2, 3 e 4 representando níveis de concordância intermediários entre os extremos. Contudo, os itens não contemplam comportamentos típicos da manifestação patológica do ciúme romântico. Por isso, Carvalho, Kebleris e Bueno (2006; manuscrito não publicado) construíram um instrumento para a avaliação do ciúme romântico em suas manifestações normal e patológica. Eles obtiveram uma escala com 28 itens que os sujeitos devem ler e avaliar de 1 a 5, conforme descrevem um comportamento de nada a totalmente característico quando aplicado ao seu caso. Esses itens foram agrupados em seis fatores relacionados ao ciúme não patológico, ao comportamento não ciumento, ao comportamento não agressivo, à desconfiança em relação ao parceiro, ao comportamento de investigação e à insegurança e baixa autoestima. Contudo, os autores concluíram que a escala precisa de uma revisão para a melhoria das propriedades psicométricas.

Embora esses instrumentos especializados sejam úteis e tenham ajudado na realização de pesquisas, na prática clínica o ciúme ainda é mais avaliado por meio de outros recursos, como entrevistas e observações. Alguns casos, relatados na literatura, evidenciam essa realidade e ilustram as características mais marcantes do ciúme patológico.

Mendhekar e Srivastav (2004) descreveram o caso de um homem de 45 anos de idade diagnosticado com ciúme patológico e disfunção sexual. Ele vivia muito bem com sua família até ver sua mulher conversando com um homem em sua casa. Perguntou a ela sobre o homem, e ela foi hesitante. A sogra do paciente contou-lhe que aquele homem já havia vindo antes, e o sogro o havia rejeitado. O paciente soube também que sua esposa já o conhecia antes de se casarem. Diante disso, o paciente desafiou a fidelidade de sua mulher e disse que ela poderia estar mantendo relações amorosas extraconjugais. Por aproximadamente dois meses e meio dormiram em lugares separados. Quando não recebia respostas satisfatórias de sua esposa, batia a própria cabeça na parede. Um colega dele contou-lhe que dois anos antes um rapaz havia flertado com sua mulher. Sem dúvidas sobre a infidelidade de sua esposa, o homem ficou depressivo e começou a pensar no divórcio. Foi então que as disfunções sexuais tiveram início (ejaculação precoce). Ele revelou seu ciúme à mulher, que negou qualquer tipo de relação extraconjugal.

Nesse exemplo, o paciente exibe comportamentos clássicos do ciúme patológico: acredita na infidelidade da esposa de modo inflexível e exibe comportamentos violentos, embora para consigo mesmo.

Em outro estudo, Pillai e Kraya (2000) apresentam o caso de Leonard, de 42 anos, incriminado por ter ameaçado um policial e rodeado a sua casa; isso porque acreditava que ele havia tido relações sexuais com sua mulher. Leonard baseava-se na crença de que existia sêmen do policial no lençol de sua cama. Suspeitou de tal maneira que enviou o lençol para análise. O resultado foi negativo, mas não suficiente para que o paciente suspeitasse de sua crença.

Em uma viagem com sua esposa, Leonard desenvolveu a crença de que ela mantinha relações sexuais com um outro homem. Para confirmá-la, Leonard fez com que sua mulher telefonasse para o homem e mantivesse uma conversa obscena com ele. Posteriormente, Leonard encontrou esse homem num banheiro público onde ele havia entrado. A partir disso, configurou a crença de que aquele homem queria lhe mostrar o tamanho superior de seu pênis e, desse modo, roubar a sua esposa.

Um dado sobre a história familiar de Leonard ajuda a compreender a provável etiologia de seu ciúme patológico. Seu pai o havia rejeitado por acreditar que a esposa, mãe de Leonard, o traíra, e portanto o filho não era seu.

Nesse caso, os fatores mais evidentes são os delírios de infidelidade, que surgem muito provavelmente em decorrência da baixa autoestima do paciente, evidenciada sobretudo na situação do banheiro. Aqui, é sugestivo o sentimento de desvantagem em relação ao rival na luta pela manutenção do relacionamento amoroso, conforme apontado por Todd *et al.* (1971).

O caso relatado por Mukai (2003) mostra outra manifestação dos delírios de infidelidade em um sujeito de idade avançada, identificando o ciúme patológico também na terceira idade. Tratava-se de um homem de 98 anos, de origem japonesa, que apresentava traços de teimosia que se intensificavam com o avanço da idade. Sua esposa era portadora de demência e, por isso, havia sido colocada numa casa de repouso. O senhor trouxe-a de volta para casa, pois tinha a convicção de que ela era infiel a ele. O marido da filha do casal prontificou-se a ajudar nos cuidados com ela. Novamente, o paciente acusou sua esposa de infidelidade; desta vez, com o marido de sua filha. Desconfiou a ponto de passar noites em claro.

Considerações finais

Nota-se que o ciúme, apesar de ser uma reação bastante comum e conhecida popularmente, não despertou tanto o interesse científico entre os pesquisadores, principalmente no Brasil. Por isso, permanece numa espécie de segundo plano, mesmo diante de evidências contundentes sobre sua manifestação patológica, suas relações com outras patologias e suas consequências sociais indesejáveis.

Diante desse quadro, parece especialmente importante o papel que a pesquisa pode desempenhar para o conhecimento mais aprofundado desse fenômeno. Alguns caminhos podem ser apontados para os que se interessarem por essa área de investigação.

Em primeiro lugar, é preciso conhecer e saber distinguir os diversos conceitos de ciúme empregados na literatura científica para, em seguida, diferenciá-los de outros fenômenos humanos, dentre os quais se destaca a inveja. Seria necessária uma extensa e cuidadosa revisão da literatura sobre o assunto, que resultasse ou ajudasse a proposição de uma definição ampla e operacionalizada do ciúme romântico.

Outra linha promissora de pesquisa é a investigação das possíveis relações e diferenças entre o ciúme patológico e outras manifestações patológicas, como o TOC e o abuso de substâncias, que permita um avanço no estabelecimento de critérios para o seu diagnóstico diferencial. Igualmente interessante pode ser o investimento na compreensão do sintoma que possivelmente caracteriza a manifestação patológica do ciúme: o delírio de infidelidade.

Pesquisas correlacionais poderiam fornecer evidências sobre as relações que o ciúme estabelece com outros aspectos do funcionamento mental. Isso seria importante para o conhecimento da rede nomotética de relações do ciúme, o que permitira identificá-lo por meio de outras variáveis ou identificar variáveis que sugerem a sua presença. Do mesmo modo, estudos acerca de intervenções psicoterapêuticas para as diferentes manifestações do ciúme romântico podem fornecer dados significantes na dimensão idiográfica desse fenômeno.

Por fim, para que a pessoa portadora dessa patologia e a pessoa alvo de quem a apresenta possam se beneficiar da ciência, é necessário compreender a associação entre o ciúme romântico, patológico ou não, e os fatores sociais, como a violência e o alcoolismo, ou seu impacto nos relacionamentos amorosos. Esses estudos poderiam auxiliar o desenvolvimento de critérios preditivos e programas de intervenção preventiva contra tais males sociais.

No Brasil, a realização desses estudos depende essencialmente da construção de instrumentos com boas propriedades psicométricas para a avaliação do ciúme e de suas características psicopatológicas. Embora alguns passos nessa direção já tenham sido dados, a situação é precária e mais investimentos são necessários.

Referências

AMERICAN PSYCHIATRIC ASSOCIATION. *Manual Diagnóstico e Estatístico de Transtornos Mentais* (DSM-IV-TR). 4. ed. Porto Alegre: Artes Médicas, 2002.

ARNOLD, W.; EYSENCK, H. J.; MEILI, K. *Dicionário de psicologia*. São Paulo: Loyola, 1976.

BUUNK, B. P.; HUPKA, R. B. Cross-cultural differences in the elicitation of sexual jealousy. *Journal of sex research*, n. 23, p. 12-22, 1987.

BUSS, D. M. Cognitive biases and emotional wisdom in the evolution of conflict between the sexes. *Current Directions in Psychological Science*, n. 6, p. 219-253, 2001.

_____; LARSEN, R. J.; WESTEN, D; SEMMELRONTH, J. Sex differences in jealousy: evolution, psysiology, and psychology. *Psychological Science*, n. 4, p. 251-255, 1992.

CARVALHO, L. F. C.; KEBLERIS, F.; BUENO, J. M. H. *Investigação de uma estrutura para o ciúme romântico e sua manifestação patológica*. Trabalho de graduação interdisciplinar (não publicado). São Paulo: Universidade Presbiteriana Mackenzie, 2006.

COBB, J. Morbid jealousy. In: *British Journal of Hospital Medicine*, n. 21, p. 511-518, 1979.

_____; MARRS, I. Morbid jealousy featuring as obsessive-compulsive neurosis: treatment by behavioural psychotherapy. *British Journal of Psychiatry*, n. 133, p. 679-983, 1979.

COSTA, N. Contribuições da psicologia evolutiva e da análise do comportamento acerca do ciúme. *Revista Brasileira de Terapia Comportamental e Cognitiva*, n. 1, p. 5-13, 2005.

DELL, S. *Murder into Manslaughter*. Oxford: Oxford University Press, 1984.

DESTENO, D.; BARTLETT, M. Y.; BRAVERMAN, J.; SALOVEY, P. Sex differences in jealousy: evolutionary mechanism or artifact of measurement? *Journal of Personality and Social Psychology*, n. 83, p. 1103-1116, 2002.

FERREIRA, A. B. H. *Novo Dicionário Aurélio da língua portuguesa*. 2. ed. Rio de Janeiro: Nova Fronteira, 1986.

GEARY, D. C.; RUMSEY, M.; BOW-THOMAS, C. C.; HOARD, M. K. Sexual jealousy as a facultative trait: evidence from the pattern of sex differences in adults from China and the United States. *Ethology and Sociobiology*, n. 16, p. 355-383, 1995.

GUERRA, C. C. Violência conjugal e intrafamiliar: alguns dados de mundo, Brasil, Minas Gerais e Uberlândia. Disponível em: http://www.violencia-urbal.net/docum/05dvconju.pdf. Acesso em: 1 out. 2009.

HARRIS, C. R. Male and female jealousy, still more similar than different: replay to Sagarin. *Personality and Social Psychology Review*, n. 1, p. 76-86, 2005.

_____. A review of sex differences in sexual jealousy, including self-report data, psychophysiological responses, interpersonal violence, and morbid jealousy. In: *Personality and Social Psychology Review*, n. 2, p. 102-128, 2003.

KINGHAM, M.; GORDON, H. Aspects of morbid jealousy. *Advances in Psychiatric Treatment*, n. 3, p. 207-215, 2004.

LEITE, S. M. C. S. Ciúme e inveja: a visão comportamental. In: WIELENSKA, R. C. (Ed.), *Sobre Comportamento e Cognição*: questionando e ampliando a teoria e as intervenções clínicas e em outros contextos. Vol. 6. Santo André: Esetec, 2001.

MENDHEKARR, D. N.; SRIVASTAV, P. K. Sildenafil and morbid jealousy. *Indian Journal of Pharmacol*, n. 2, 2004. p. 104-105.

MICHAEL, A.; MIRZA, S.; MIRZA, K. A. H.; BABU, V. S.; VITHAYATHIL, E. Morbid jealousy in alcoholism. *The British Journal of Psychiatry*, n. 5, p. 668-672, 1995.

MUKAI, T. Tiapride for pathological jealousy (Othello syndrome) in elderly patients. *Psychogeriatrics*, n. 3, p. 132-134, 2003.

MULLEN, P. Delusions: the continuum versus category debate. *Australian and New Zealand Journal of Psychiatry*, n. 5, p. 505-511, 2003.

_____; MARTIN, J. Jealousy: a community study. *British Journal of Psychiatry*, n. 1, p. 35-43, 1994.

PACE, B. P. Jealousy as a diesease. *The Journal of the American Medical Association*, n. 18, 1438J, 1998.

PARROTT, W.; GERROLDL, S.; RICHARD, H. Distinguishing the experiences of envy and jealousy. *Journal of Personality and Social Psychology*, n. 6, p. 906-920, 1993.

PILLAI, K.; KRAYA, N. Psychostimulants, adult attention deficit hyperactivity disorder and morbid jealousy. *Australian and New Zealand Journal of Psychiatry*, n. 1, p. 60-163, 2000.

RAMOS, A. L. M.; CALEGARO, M. Resenha: A paixão perigosa: por que o ciúme é tão necessário quanto o amor e o sexo. *Psicologia: teoria e pesquisa*, n. 3, p. 293-295, 2001.

_____; YAZAWA, S. A. K.; SALAZAR, A. F. Desenvolvimento de uma escala de ciúme romântico. *Psicologia: teoria e pesquisa*, n. 3, p. 439-451, 1994.

RASSOL, G. Practical Forensic Psychiatry – Book Review. *Journal of Advanced Nursing*, n. 3, p. 639-640, 1996.

SAGARIN, B. J.; BECKER, D. V.; GUADAGNO, R. E.; NICASTLE, L. D.; MILLEVOI, A. Sex differences (and similarities) in jealousy: the moderating influence of infidelity experience end sexual orientation of the infidelity. *Evolution and Human Behavior*, n. 24, p. 17-23, 2003.

_____; GUADAGNO, R. E. Sex differences in the contexts of extreme jealousy. *Personal Relationships*, n. 3, p. 319-328, 2004.

SHACKELFORD, T. K.; BUSS, D. M.; BENNETT, K. Forgiveness or breakup: sex differences in responses to a partner's infidelity. *Cognition and Emotion*, n. 2, p. 299-307, 2002.

SOYKA, M.; NABER, G.; VÖLCKER, A. Prevalence of delusional jealousy in different psychiatric disorders. *British Journal of Psychiatry*, n. 158, p. 549-553, 1991.

TAQUETTE, S. R.; RUZANY, M. H.; MEIRELLES, Z.; RICARDO, I. Relacionamento violento na adolescência e risco de DST/AIDS. *Caderno Saúde Pública*, n. 5, p. 1437-1444, 2003.

TODD, J.; MACKIE, J. R. M.; DEWHURST, K. Real or imaginary hypophallism: a cause of inferiority feelings and morbid sexual jealousy. *British Journal of Psychiatry*, n. 119, p. 315-318, 1971.

TORRES, A. R.; RAMOS-CERQUEIRA, A. T. A.; DIAS, R. S. O ciúme enquanto sintoma do transtorno obsessivo-compulsivo. *Revista Brasileira de Psiquiatria*, n. 3, p. 158-173, 1999.

WARREN, H. C. *Diccionario de Psicología*. 2. ed. México: Fondo de Cultura Economica, 1993.

WESTLAKE, R. J.; WEEKS, S. M. Pathological jealousy appearing after cerebrovascular infarction in a 25-year-old woman. *Australian and New Zealand Journal of Psychiatry*, n. 1, p. 105-107, 1999.

3
O QUE SABEMOS SOBRE INTELIGÊNCIA EMOCIONAL

Fabiano Koich Miguel[1]

Tradicionalmente, o pensamento ocidental entende as emoções como opostas à razão e associadas ao descontrole, à irracionalidade, ao distanciamento da realidade, enfim, a uma dimensão inferior do ser humano; a razão seria o processo mental mais adequado e valorizado (Dalgalarrondo, 2000). Contudo, um conceito relativamente novo na psicologia juntou-se aos teóricos, que sugerem que pensamento e sentimento não estão tão separados como se costumava pensar. Trata-se da inteligência emocional. Este capítulo pretende fazer um apanhado crítico do contexto atual que envolve esse construto, apresentando as teorias, os resultados de pesquisas e a maneira como vem sendo divulgado por meio de publicações científicas e leigas.

---

1   Laboratório de Avaliação Psicológica e Educacional (LabAPE).

Histórico

Existem muitas definições de inteligência e subtipos, mas todos se referem à capacidade de perceber, compreender e utilizar símbolos, ou seja, o emprego do raciocínio abstrato (Mayer, 2001). Assim, uma pessoa que sabe utilizar sua inteligência de maneira bem-sucedida é capaz de reconhecer seus potenciais e defeitos, reunindo suas forças para compensar ou corrigir as fraquezas (Hedlund; Sternberg, 2002).

As emoções, por sua vez, podem ser definidas como reações afetivas intensas e momentâneas, desencadeadas por estímulos internos ou externos, conscientes ou inconscientes. São respostas organizadas que ultrapassam os limites de vários subsistemas psicológicos, incluindo o fisiológico, o cognitivo e o motivacional. As emoções normalmente surgem como resposta a um evento que pode ter significado tanto positivo quanto negativo para o indivíduo (Atkinson; Atkinson; Smith; Bem; Nolen-Hoeksema, 2002). Gross e John (2002) destacam que as emoções têm funcionalidades como preparar o organismo para uma ação vigorosa, realizar o ajuste fino da cognição e comunicar-se com os outros.

Até a primeira metade do século XX, inteligência e emoção eram tratadas, de maneira geral, como áreas separadas. De um lado, a pesquisa com raciocínio abstrato, que originou os primeiros testes de inteligência; de outro, as primeiras investigações sobre emoção que pretendiam descobrir se eram as respostas fisiológicas que antecediam as emoções ou o contrário – questão para a qual ainda não se encontrou resposta definitiva, apesar dos vários estudos. Com o tempo, uma nova problemática apresentou-se ao campo de pesquisa; tratava-se de saber se as emoções tinham um significado universal. A linha evolucionista afirmava que as emoções evoluíam entre as espécies; a psicologia social, que as emoções eram determinadas pelas diferenças de cultura e características individuais (Plutchik, 2003). Nesse contexto, facilitado pela emergência da testagem da inteligência, começou a surgir a busca pela identificação da inteligência social (Mayer, 2001).

O termo inteligência social foi proposto pela primeira vez em 1920, com a teoria multimodal da inteligência de Thorndike (Bueno; Primi, 2003). Thorndike definiu que tal inteligência abarcava as capacidades de compreender as outras pessoas e de se comportar sabiamente em relação a elas. Tratava-se de uma acepção abrangente e, por isso, os instrumentos desenvolvidos para mensurá-la apresentavam correlações muito altas com outros tipos, especialmente com a inteligência verbal. Em consequência, por muito tempo a inteligência social permaneceu indefinida e as pesquisas desestimuladas (Hedlund; Sternberg, 2002).

Além de Thorndike, outro importante precursor da inteligência emocional foi Gardner, que em 1983 propôs a teoria de inteligências múltiplas. Essa teoria descrevia um subtipo de inteligência, chamado intrapessoal, que consistia na habilidade de entender a si próprio, isto é, de um indivíduo saber como se sente a respeito das coisas, de compreender a própria multiplicidade de emoções, de ter *insights* a respeito dos motivos pelos quais se comporta de certas maneiras e de agir adequadamente às suas necessidades, capacidades e aos seus objetivos. Além disso, a inteligência interpessoal englobava o conceito de inteligência social, indicando a forma como um indivíduo compreende o outro e age de acordo com esse entendimento (Hedlund; Sternberg, 2002).

No final da década de 1980, alguns estudos de inteligência social reapareceram e indicaram que tal inteligência era multidimensional, formada tanto por elementos cognitivos quanto por comportamentais, englobando habilidades sociais e empáticas, atitudes pró-sociais, ansiedade social e sensibilidade (Mayer, 2001). Os pesquisadores começaram a obter algum sucesso em distinguir a inteligência social da acadêmica abstrata, utilizando instrumentos não verbais de percepção social. Os resultados dos estudos indicaram que, embora um alto QI estivesse associado a uma inteligência social alta, havia muitos indivíduos com baixo QI que também possuíam alta inteligência social. Contudo, muitas abordagens surgiram para avaliar a inteligência social, cada qual apresentando variados tipos de subdomínios ou aspectos. Foram tantas as maneiras pela quais ela foi definida e mensurada e, consequentemente, muitas as incoerências na literatura, que não se podia determinar definitivamente se a inteligência social era de fato distinta da acadêmica (Hedlund; Sternberg, 2002).

No início da década de 1990, Salovey e Mayer (1990) reuniram várias pesquisas sobre inteligência e emoção e reconheceram que apontavam para uma capacidade humana até então não definida coerentemente. Embora emoção e inteligência tivessem sido por muito tempo encaradas como antagônicas, os autores afirmaram que certas reações emocionais poderiam promover a inteligência. Isso poderia acontecer, por exemplo, quando uma emoção interrompe uma linha de raciocínio e permite que a pessoa volte sua atenção para aquilo que é realmente importante para ela, ou quando as emoções acionam lembranças relevantes nas redes neurais da memória de longo prazo (Primi, 2003). Determinou-se, então, que a emoção influi no pensamento e o altera de muitas formas, tanto para auxiliar quanto para dificultar (Gross; John, 2002).

Mayer e Salovey também examinaram evidências em estudos sobre estética, inteligência artificial, pesquisa cerebral e psicologia clínica, e lançaram as bases para o surgimento do conceito de inteligência emocional (Mayer, 2001). Embora o termo já houvesse sido utilizado ocasionalmente em outros estudos, ainda não havia sido definido ou descrito de maneira precisa, justamente porque as fundações do conceito estavam em desenvolvimento.

O modelo de Mayer e Salovey

Na busca de uma definição que relacionasse emoção com inteligência, Mayer e Salovey (1999) preservaram o sentido de ambos os termos. Assim, a inteligência emocional seria a capacidade de raciocinar com emoções, ou, mais detalhadamente:

> [...] a capacidade de perceber acuradamente, de avaliar e de expressar emoções; a capacidade de perceber e/ou gerar sentimentos para facilitar o pensamento; a capacidade de compreender a emoção e o conhecimento emocional; e a capacidade de controlar emoções para promover o crescimento emocional e intelectual (p. 17-18).

DA PSICOLOGIA
CONTEMPORÂNEA

Partindo dessa definição quatro ramificações da inteligência emocional foram estabelecidas, referindo-se ao modo como as pessoas utilizam suas habilidades emocionais. A primeira refere-se à *percepção*, à *avaliação* e à *expressão da emoção*; significa a precisão com a qual as pessoas conseguem identificar emoções em si e nos outros. Segundo Mayer e Salovey (1999), um indivíduo com percepção desenvolvida deveria ter capacidade de monitorar e identificar suas sensações, de natureza física ou emocional. Deveria ser capaz também de identificar acuradamente emoções nas outras pessoas (por meio dos sentimentos e pensamentos que manifestam), em desenhos, quadros, obras de arte, e de expressar suas emoções conforme o contexto. Esse aspecto da inteligência emocional, de acordo com Primi (2003), auxiliaria na compreensão empática do outro: por meio da experiência em si mesmo dos sentimentos das outras pessoas, estas poderiam ser mais bem compreendidas. Um indivíduo com inteligência emocional desenvolvida deveria ser capaz de reconhecer expressões falsas ou manipuladoras de emoções. Sem a percepção emocional, torna-se difícil o desenvolvimento dessa inteligência; o indivíduo teria pouca capacidade de aprender com seus sentimentos se sempre desviasse sua atenção deles (Mayer; Salovey; Caruso, 2002a).

A segunda ramificação trata da *emoção facilitando o ato de pensar*, que se refere à forma como a emoção influi na inteligência. Em algumas situações, a emoção pode dar prioridade ao pensamento quando for necessária sua atenção. Mayer e Salovey (1999) citam como exemplo um professor ansioso com a aula que precisa ministrar no dia seguinte; prepara seu trabalho da maneira mais completa, a fim de que a satisfação se sobreponha à ansiedade. A contribuição das emoções ao pensamento estaria na capacidade do sujeito, diante de uma solicitação, de recorrer à sua memória para gerar e manipular suas emoções, buscando compreendê-las e utilizar essa compreensão no presente, ou até mesmo prever como poderá se sentir em uma situação futura. Uma pessoa com inteligência emocional mais eficiente deveria ser capaz de perceber suas alterações de humor e planejar sua vida de acordo com seu estado de espírito (Bueno; Primi, 2003).

A terceira ramificação aborda a *compreensão* e a *análise de emoções*; refere-se a como o sujeito utiliza seu conhecimento emocional, ou seja, como nomeia os sentimentos e estabelece relações entre eles, agrupando-os em conjuntos, de maneira que se pode compreender que certos sentimentos são combinações de outros. Sob essa perspectiva, o espanto costuma ser visto como uma mistura de medo e surpresa, e a culpa, como uma mistura de tristeza e aversão (Plutchik, 2003). O sujeito poderia também raciocinar quanto a sequências ou transições de várias emoções, como quando a raiva se transforma em ódio e, mais tarde, em culpa (Mayer; Salovey, 1999).

A quarta e última ramificação refere-se ao *controle reflexivo de emoções para promover o crescimento emocional e intelectual*; afirma-se que uma pessoa deveria ser capaz de ser receptiva às emoções quando elas ocorrerem, sejam agradáveis ou não. A partir disso, o sujeito avaliaria e refletiria conscientemente sobre o sentimento despertado, ponderando sua importância para estabelecer uma estratégia de controle – refreando as emoções negativas, evitando as situações desprazerosas ou valorizando as positivas e agradáveis. Esse controle reflexivo também seria possível nos outros; assim, um indivíduo

DA PSICOLOGIA
CONTEMPORÂNEA

emocionalmente inteligente seria capaz de atuar sobre as outras pessoas de modo a regular suas emoções (Bueno; Primi, 2003; Mayer; Salovey, 1999).

Para Lane e Pollermann (2002), a definição de inteligência emocional pode ser sintetizada como uma capacidade para utilizar a informação emocional de maneira construtiva e adaptativa. Essas informações podem ser reações subjetivas de uma pessoa e também geradas pelas reações emocionais de outras. A inteligência emocional poderia, então, ser classificada como um tipo de inteligência, do mesmo modo que a verbal, a espacial, a social, e outras inter-relacionadas. Esse conceito permite defini-la, segundo o modelo de Mayer e Salovey, como uma inteligência de fato, e não como algum traço social valorizado.

O desenvolvimento dessa inteligência aconteceria desde quando a criança aprende, por meio dos pais, a raciocinar sobre suas emoções, relacionando seus sentimentos ao que acontece no ambiente a sua volta.

Ao longo do amadurecimento, além de identificar sentimentos em si própria, a criança os atribui a outras pessoas e a objetos animados ou inanimados, ou seja, dirige o pensamento imaginativo tanto para si como para o ambiente, tomando-se como referência na hora de avaliar os outros. Durante o amadurecimento, portanto, o indivíduo passa por uma metaexperiência sobre seu humor e suas emoções, que lhe permite perceber seus sentimentos e raciocinar conscientemente sobre suas reações emocionais. Para Mayer e Salovey (1999), isso é vital ao desenvolvimento da inteligência emocional e é uma oportunidade para a pessoa aprender com seus sentimentos, uma vez que permite ao indivíduo monitorar-se e oferece bases sólidas para escolhas em diferentes situações.

De acordo com Lane e Pollermann (2002), a cognição é permeada por essas habilidades reflexivas, que permitem ao indivíduo organizar conceitualmente sua vida e cujos princípios e processos se estendem a todas as inteligências, incluindo a emocional. O modelo de Mayer e Salovey, contudo, não é o único presente na literatura de inteligência emocional. A seguir serão apresentados os modelos de Goleman e de Bar-On, dois autores de expressividade na área.

O modelo de Goleman

A popularização do termo inteligência emocional aconteceu com o lançamento do livro *Inteligência emocional*, um *best-seller* de Goleman (1995). O autor possui pesquisas na área de emoções; *Como lidar com emoções destrutivas* (Goleman; Dalai Lama, 2003), por exemplo, relata estudos do uso da meditação entre budistas como forma de controle das emoções. Contudo, suas publicações referentes à inteligência emocional apresentam reivindicações fabulosas para o construto, afirmando que é imprescindível para o sucesso no emprego, porém sem oferecer evidências empíricas para suas afirmações. Além disso, asseguram que o construto se trata da definição básica proposta por Mayer e Salovey e o apresenta subdivido em cinco domínios principais, em vez das quatro ramificações.

O primeiro é o *domínio das próprias emoções*, ou seja, a autoconsciência do indivíduo, incluindo autoconfiança e capacidade para reconhecer um sentimento e controlá-lo, de maneira a ter maior autonomia sobre a própria vida. O segundo domínio é *lidar com emoções*, que define a capacidade da pessoa de lidar apropriadamente com seus sentimentos, confortando-se ou livrando-se das emoções negativas. O terceiro domínio é *motivar-se*, que significa dispor das emoções para atingir uma meta, desenvolvendo automotivação, otimismo e criatividade – o autocontrole emocional, especialmente a repressão dos impulsos e o adiamento do prazer para alcançar uma recompensa maior, é o mecanismo por detrás de tal realização. O quarto domínio diz respeito a *reconhecer emoções nos outros*, que, basicamente, refere-se à empatia como a capacidade de reconhecer sinais sutis que exprimem o que as outras pessoas querem ou precisam. O quinto domínio, *lidar com relacionamentos*, define as competências de lidar com as emoções dos outros e de trabalhar em equipe, sendo essa a chave para a popularidade e a liderança (Goleman, 1995).

O autor coloca a ênfase das habilidades de inteligência emocional no autocontrole (zelo e persistência) e na automotivação. Esse modelo costuma ser criticado porque a capacidade de compreender e processar emoções foi misturada com outras características, por exemplo, com a motivação, que é considerada outra esfera do funcionamento mental, separada das emoções e cognição. As descrições vagas do conceito e as afirmações relativas à sua capacidade contribuíram para tornar confusa a definição do construto. Assim, com o conceito abarcando aspectos além de inteligência e emoção, torna-se difícil listar exatamente quais são as características de uma pessoa emocionalmente inteligente (Mayer, 2001; Mayer; Salovey; Caruso, 2002a).

Hedlund e Sternberg (2002), também críticos do modelo de Goleman, afirmam que uma das suas limitações é tentar capturar tudo que não seja definido pelo QI, como é o caso da autoconfiança, inovação, do empreendedorismo, otimismo e influência – traços de personalidade e motivação. Dessa maneira, Goleman (1995) credita à inteligência emocional a responsabilidade por todas as formas de sucesso obtidas por pessoas, as quais não eram explicadas pelos testes de QI. Em outra publicação, por exemplo, encontra-se a afirmação de que o sucesso ou o fracasso organizacional depende da chamada liderança primal, e que as emoções transmitidas pelos líderes são capazes de contagiar as pessoas. Assim, se o líder tem a capacidade de disseminar energia, entusiasmo e otimismo, a empresa prospera; se ele espalha negatividade e discordância, há o risco de a empresa se arruinar (Goleman; Boyatzis; McKey, 2002).

O entendimento inadequado do que é inteligência emocional pode levar a um mau uso do construto. Alguns anos após a publicação de seu famoso livro, Goleman (1999) chamou atenção para os equívocos comuns que surgiram com a divulgação maciça. Citou as crenças de que essa capacidade poderia ser traduzida simplesmente como ser simpático ou como liberar os sentimentos em qualquer situação – o que é absolutamente errado em qualquer modelo – e de que haveria uma distinção imensa entre homens e mulheres. Não obstante, o autor prosseguiu atribuindo à inteligência emocional resultados mirabolantes baseados em escassa pesquisa, como dizer que essa capacidade se sobrepõe à inteligência acadêmica para produzir êxito em qualquer tipo de emprego. Tornando as coisas mais confusas, recentemente o autor lançou o livro *Inteligência social: o poder oculto das relações humanas* (Goleman, 2006), no qual afirma que seu modelo anterior não dava conta do papel da inteligência emocional nos relacionamentos sociais.

O modelo de Bar-On

O modelo proposto por Bar-On (1997) subdividiu o construto em cinco áreas amplas de aptidões e competências. A primeira refere-se a *aptidões intrapessoais*, que incluem qualidades como autoconsciência emocional, autorrealização, independência, autorrespeito e assertividade. A segunda, a *aptidões interpessoais*, referindo-se à qualidade dos relacionamentos, à empatia e à responsabilidade social. A terceira área, *adaptabilidade*, abarca características como capacidade de resolução de problemas, teste de realidade e flexibilidade. A quarta área é chamada *administração do estresse* e inclui a habilidade do indivíduo de gerenciar seus impulsos e ser tolerante ao estresse. A quinta e última é do *humor geral*, que inclui descrições como felicidade e otimismo. Esse modelo também atribuía à inteligência emocional tudo aquilo que não era explicado pela inteligência acadêmica, como o modelo de Goleman.

Quanto às diferentes conceituações de inteligência emocional apresentadas nesses três modelos, Hedlund e Sternberg (2002) consideram que duas visões opostas acabaram surgindo. Uma é a proposta por Mayer e Salovey que utiliza uma noção mais restritiva de inteligência emocional – a habilidade de perceber e compreender informações emocionais. No que diz respeito ao fato de que a inteligência geral ou acadêmica é responsável apenas por cerca de 20% a 30% do sucesso no trabalho, Mayer e Salovey (1999) deixam os outros 70% a 80% para serem explicados por diferentes fatores; a inteligência emocional poderia ser um deles. Já Goleman e Bar-On seguem outra visão, reivindicando por inteiro os 70% a 80% para a inteligência emocional.

Os modelos de Goleman e Bar-On sugerem também que resultados importantes na vida de uma pessoa podem ser previstos. É possível que isso esteja correto, porém eles vão além do que os conceitos emoção e inteligência significam, incluindo outros fatores, como a personalidade. Por isso esses modelos são também chamados de modelos mistos (Mayer, 1999). Mayer e Salovey (1999) entendem que a inteligência emocional possa contribuir para o sucesso da pessoa, contanto que se use o termo "sucesso" de maneira mais cuidadosa; essa inteligência poderia ser uma das responsáveis por realizações acadêmicas e bons empregos, por exemplo.

Como se mede a inteligência emocional?

Enquanto os modelos teóricos de inteligência emocional surgiam, desenvolviam-se testes para medir o construto. Apareceram tanto instrumentos baseados em cuidadosas pesquisas científicas quanto escalas não científicas de autoavaliação que preencheram jornais, revistas e sites. Como havia muitas interpretações para o construto, o conteúdo desses testes também variava muito, e poucos instrumentos foram desenvolvidos com precisão e validação científicas.

DA PSICOLOGIA
CONTEMPORÂNEA

Um dos testes que dispôs de publicações e estudos científicos foi o *Emotional Competence Inventory* (ECI), desenvolvido por Goleman, com base em sua teoria, a partir de um questionário de avaliação de competências direcionado a gerentes, executivos e líderes. Buscando ampliar a utilização do instrumento para todas as ocupações, os autores preservaram 40% dos itens antigos e criaram novos que avaliassem competências não cognitivas (Boyatzis; Goleman; Rhee, 2002). A versão atual do ECI (reescrita em 1999 com ajuda de colaboradores) pede que o sujeito se descreva ou descreva outra pessoa em cada um dos itens apresentados, do tipo *likert*, englobando as cinco áreas do modelo de Goleman.

Baseado na teoria de Bar-On, surgiu o *Emotional Quotient Inventory* (EQ-i), originalmente um projeto para examinar conceitos de funcionamento socioemocional (Bar-On, 2002). É descrito como uma escala de autoavaliação de comportamentos considerados adequados do ponto de vista socioemocional. Consta de itens do tipo *likert*, abrangendo quinze subescalas relacionadas às áreas descritas no modelo de Bar-On.

É necessário alertar para uma característica de testes como o ECI ou o EQ-i: são baseados em autorrelato, ou seja, avaliam as opiniões que os sujeitos têm de seu desempenho em circunstâncias socioemocionais. Embora os instrumentos de autorrelato sejam eficientes quando se quer levantar conceitos próprios da pessoa, como inventários de interesses ou traços de personalidade, não se pode dizer o mesmo de instrumentos que perguntam à pessoa quão inteligente ela acha que é. Já se sabe por estudos anteriores que a opinião das pessoas sobre suas capacidades não está relacionada às suas capacidades verdadeiras (Ciarrochi; Chan; Caputi; Roberts, 2001).

A experiência de Caruso e Wolfe (2001) como consultores na área organizacional também mostrou que o autorrelato de habilidades emocionais normalmente não coincide com as habilidades verdadeiras das pessoas. Isso pode fazer com que os funcionários percam informações importantes no convívio com colegas, embora acreditem que tenham uma percepção aguçada. Por isso, esses testes incorrem na mesma problemática da época da inteligência social de Thorndike, ou seja, avaliam construtos mais relacionados à personalidade. De fato, estudos demonstram que o EQ-i apresenta baixa ou nenhuma correlação significativa com outras medidas de inteligência ou desempenho acadêmico, e maiores correlações com diversos fatores de personalidade (Dawda; Hart, 2000; Newsome; Day; Catano, 2000; O'Connor Jr.; Little, 2003).

Um teste mais adequado, portanto, avaliaria o desempenho da pessoa. Para analisar a capacidade verbal, um teste com palavras; para capacidade numérica, um teste com números; para capacidade emocional, foram propostos testes com itens que mede o desempenho nas quatro áreas do modelo de Mayer e Salovey. Para a *percepção*, são apresentadas fotos de pessoas, paisagens e imagens abstratas e o sujeito deve assinalar a quantidade das emoções que considera estar presente em cada uma. Para a *facilitação*, são dados exemplos de situações e o sujeito deve dizer qual estado de humor o ajuda no desempenho de certas tarefas. Para a *compreensão*, é mostrada uma lista de emoções e a pessoa deve dizer quais estão inter-relacionadas. Para o *gerenciamento*, são fornecidas situações hipotéticas em que se deve assinalar o que o personagem precisa fazer para se sentir melhor ou manter o bom humor.

DA PSICOLOGIA
CONTEMPORÂNEA

Atualmente, está disponível nos Estados Unidos o *Mayer-Salovey-Caruso Emotional Intelligence Test* (MSCEIT), de Mayer, Salovey e Caruso (2002b) – um extenso teste composto por 141 itens. A performance no MSCEIT é mensurada com um escore geral de inteligência emocional e apresenta resultados para cada uma de suas quatro áreas. O manual traz índices de precisão alfa de Cronbach das escalas variando de 0,83 a 0,93, e precisão de teste-reteste de $r=0,86$.

No Brasil, os estudos de precisão de Cobêro (2004), Dantas (2004), Freitas (2004) e Jesus Jr. (2004) encontraram coeficientes variando de 0,83 a 0,90. Quanto às áreas e subescalas, a maioria tendeu a apresentar índices satisfatórios de acordo com o critério adotado pelo Conselho Federal de Psicologia (2003) – acima de 0,60 e com poucas subescalas abaixo desse nível. Contudo, nos quatro estudos, a subescala *compreensão de emoções* apresentou índices inferiores a 0,60. Esses valores baixos indicam que interpretações baseadas em escores mais específicos de subescalas do MSCEIT devem ser realizadas com cautela.

Há, porém, críticas quanto ao sistema de pontuação do MSCEIT, ou seja, como dizer qual é a resposta certa num teste de inteligência emocional. O procedimento mais comumente adotado é a pontuação por consenso. Nesse caso, as notas são atribuídas de acordo com a frequência de respostas dadas para cada alternativa. Por exemplo, se na população normativa 45% das pessoas assinalaram num item a alternativa *a*, 30%, a alternativa *b*, 15%, a alternativa *c*, 7%, a alternativa *d*, 3%, a alternativa *e*, e o sujeito que realizar o teste assinalar a alternativa *b* nesse item, então sua pontuação será de 30.

Esse procedimento é criticado por não avaliar verdadeiramente uma capacidade, mas sim a concordância que as pessoas têm sobre um problema, contrariando as medidas objetivas de testes de inteligência (Matthews; Zeidner; Roberts, 2004). Em outras palavras, o fato de a maioria ter escolhido uma alternativa não quer dizer que ela é a correta ou a mais adequada. Os autores do MSCEIT respondem que o modelo de inteligência emocional prevê uma adequação do sujeito à situação social à sua volta; isto é, uma mesma resposta emocional pode ser eficaz numa situação, mas não em outra. Portanto, o bom uso das emoções dependerá da percepção que o sujeito tem do ambiente no qual está inserido. Nesse caso, o consenso ditaria o grau de adaptação às normas e condutas sociais, o que seria sinal de inteligência emocional (Salovey; Grewal, 2005). Foram feitos estudos relacionando as pontuações por consenso com pontuações por especialistas. Nesse caso, especialistas na área da emoção indicaram qual seria a resposta correta para cada item do MSCEIT. As correlações tendem a ser significativas e altas, acima de 0,90 (Mayer; Salovey; Caruso; Sitarenios, 2001; Palmer; Gignac; Manocha; Stough, 2005).

Outro ponto crítico refere-se à generalização do MSCEIT para diferentes culturas. Há algum tempo, questiona-se se grupos diferentes teriam maneiras diferentes de enxergar o que é um comportamento emocionalmente inteligente (Zeidner; Matthews; Roberts, 2001). Contudo, pouco foi estudado quanto a isso. Palmer e colaboradores (2005) encontraram uma correlação significativa e alta (acima de 0,90) entre escores de sujeitos americanos e australianos. Por outro lado, apresentei informalmente o MSCEIT a monges budistas para que opinassem, e muitos comentários sugeriram uma divergência entre as respostas consideradas corretas e a cultura oriental budista, especialmente nos itens referentes ao gerenciamento das próprias emoções.

O que a inteligência emocional prevê?

Muitos estudos foram realizados correlacionando inteligência emocional com inteligência acadêmica, personalidade, performance no trabalho e eventos de vida. Os resultados tendem a demonstrar uma correlação moderada (de 0,14 a 0,40) com outros tipos de inteligência e baixa (de -0,32 a 0,35) com alguns traços de personalidade (Cobêro, 2004; Dantas; 2004; Jesus Jr., 2004; Lopes; Salovey; Straus, 2003; Mayer; Salovey; Caruso, 2002b; Warwick; Nettelbeck, 2004; Zeidner, Shani-Zinovich; Matthews; Roberts, 2005). Ainda assim, alguns autores tecem críticas afirmando que esses índices são muito baixos e que outras fontes de informação, como testes conhecidos de personalidade e de inteligência, podem apresentar melhores resultados sobre o desempenho do sujeito do que a inteligência emocional, especialmente em se tratando de um teste tão extenso como o MSCEIT. Questionam, assim, a utilidade desse novo construto (Bastian; Burns; Nettelbeck, 2005; Schulte; Ree; Carretta, 2004).

Miguel e Noronha (2006) estudaram os níveis de inteligência emocional em estudantes de cursos universitários de três áreas distintas: psicologia, biologia e engenharia. Os resultados demonstraram diferenças significativas de médias – os estudantes de psicologia obtiveram escores maiores, os de engenharia, escores menores, e os de biologia, ficaram na média. Isso era esperado segundo a teoria de inteligência emocional, pois se supõe que os psicólogos possuam mais desenvolvida a capacidade de compreender e gerenciar as emoções nas relações sociais. No caso da engenharia, entende-se que outros tipos de raciocínios relacionados às ciências exatas sejam mais enfatizados e valorizados do que a inteligência emocional.

Para Salovey, Bedell, Detweiler e Mayer (1999), as pessoas com inteligência emocional mais desenvolvida seriam capazes de utilizar estratégias mais adequadas no enfrentamento do estresse, porque sabem perceber e avaliar seus estados emocionais com maior precisão, expressando seus sentimentos nos momentos adequados e regulando seu humor de maneira eficaz. Um dos fatores que causam o enfrentamento mal-adaptativo seria a dificuldade em processar e regular a própria experiência emocional. Assim, para administrar ou controlar uma situação considerada estressante no trabalho, o indivíduo colocaria em ação sua inteligência emocional, constituindo o chamado enfrentamento adaptativo (*copping*, em inglês). Em ambientes muito exigentes ou desafiadores, a influência da inteligência emocional se daria por meio da seleção e do controle de estratégias e competências, que visariam ao enfrentamento da situação imediata, levando em consideração o domínio das emoções. Para tanto, o indivíduo deveria dispor de um repertório flexível de estratégias de enfrentamento, podendo se concentrar tanto nas emoções quanto no problema para lidar com o estressor.

Entretanto, apenas nos últimos anos pesquisas sobre inteligência emocional e estresse começaram a ser publicadas;

hoje há um número reduzido de estudos. Alguns sugerem uma relação direta e significativa entre os construtos e indicam que, quanto maior a inteligência emocional, menor o nível de estresse (Bastian *et al.*, 2005; Lyons; Schneider, 2005; Matthews *et al.*, 2004). Outros, especialmente os realizados fora do ambiente acadêmico, indicam que a relação entre os construtos é mediada por outros fatores, como a personalidade. Em certas situações, uma maior inteligência emocional poderia ser preditora de maior estresse, pois as pessoas com pouca habilidade em perceber as emoções seriam menos suscetíveis aos efeitos nocivos do estresse, por reprimirem ou ignorarem aquilo que sentem (Ciarrochi; Deane; Anderson, 2002; Gohm; Corser; Dalsky, 2005; Miguel, 2006).

Mayer e colaboradores (2002b) consideram que o melhor uso preditivo da inteligência emocional estaria nos eventos de vida. Seus estudos e também os de outros autores (Brackett; Mayer, 2003; Caruso; Mayer; Salovey, 2002; Lopes *et al.*, 2003) demonstram, de maneira geral, que as pessoas com inteligência emocional mais alta tendem a se mostrar mais agradáveis, empáticas, sociáveis e emocionalmente sensíveis do que os outros, além de se envolverem menos em comportamentos sociais desviantes, como brigas e uso de drogas ou álcool.

É possível treinar a inteligência emocional?

A literatura comum está recheada de publicações sobre como desenvolver a inteligência emocional, com propostas tão maravilhosas que muitas vezes os livros se encontram nas prateleiras de autoajuda, em vez de psicologia. Há títulos sugestivos como *Inteligência emocional na construção do novo eu* (Antunes, 2002), *Aprenda as chaves da inteligência emocional* (Dann, 2005) e *Desenvolva a sua inteligência emocional e tenha sucesso na vida* (Beltran, 2004). Além disso, são dadas palestras em empresas e escolas sobre como treinar a inteligência emocional dos funcionários ou das crianças a fim de abrir caminho para o sucesso profissional. A maioria utiliza as publicações de Goleman como base, no Brasil e no exterior.

Bridoux (2004), por exemplo, propõe um curso intensivo com exercícios práticos e lições sobre como desenvolver tal inteligência, sempre citando situações organizacionais. Ao final, sugere que a sabedoria emocional é o resultado de ser emocionalmente inteligente e inteligentemente emocional.

Há também publicações baseadas no modelo de Mayer e Salovey, como a de Davies (2006), que propõe a mensuração do nível de inteligência emocional do leitor. Vários testes de autoavaliação são apresentados e alguns de desempenho semelhantes ao MSCEIT. Não há informação, contudo, referente a estudos de validação desses questionários.

No livro de Weisinger (2001), são apresentadas várias situações no ambiente de trabalho que visam à diferenciação de comportamentos emocionalmente inteligentes dos que não são, acompanhadas de exercícios para promover o desenvolvimento dessa capacidade. O detalhamento chega ao nível das palavras que a pessoa deve ou não dizer, do que pensar na hora de receber críticas, de como se motivar, entre outros.

Com todos os livros e as inúmeras palestras, há um sentimento comum nos públicos leigo e iniciado de que a teoria sobre inteligência emocional diz respeito a uma capacidade facilmente treinável e passível de ser desenvolvida rapidamente. Como consequência, a maioria das publicações está voltada para a área organizacional. Entre os pesquisadores mais comprometidos com o método científico, estão Caruso e Salovey (2007), que apresentam em sua obra vários exemplos da aplicação do conceito no cenário empresarial. Entretanto, são parcas as pesquisas relacionadas à eficácia ou não de treinamentos em inteligência emocional, e as evidências ou comprovações empíricas publicadas até o momento. Pelo menos nos moldes como esses treinamentos são apresentados, há ceticismo no ambiente científico.

Tome-se como modelo o raciocínio quantitativo (Gq, no modelo CHC), ou seja, a capacidade de raciocinar matematicamente (McGrew, 2005). Suponha que um sujeito comum leia um livro com relatos sobre diversos problemas de cálculo com os quais cientistas depararam durante suas carreiras, e com as intrincadas fórmulas e os pensamentos matemáticos que utilizaram para solucioná-los. O leitor pode ler os exemplos e chegar à conclusão de que conhece a maneira pela qual aqueles cientistas utilizaram a inteligência numérica para resolver os problemas. Isso não significa, entretanto, que o sujeito saberá resolver, por exemplo, uma equação diferencial do eletromagnetismo ao ser apresentado a ela. Assim, ler sobre como cientistas resolveram problemas matemáticos diversos em sua carreira não é suficiente para desenvolver o raciocínio quantitativo.

Da mesma maneira, livros sobre inteligência emocional que contêm exemplos de situações e supostas lições podem não ser uma maneira válida, confiável e rápida de desenvolver essa capacidade. Após cinco anos de formação e outros tantos de especialização, o profissional psicólogo deveria saber que treinamento em inteligência emocional já existe há muito tempo e atende pelo nome de psicoterapia.

Considerações finais

Não há dúvida de que a inteligência emocional seja, atualmente, um dos temas mais pesquisados e comentados da área da psicologia. Os estudos, porém, estão longe de ser conclusivos, e a reputação da área sofre com a popularização desenfreada de modelos que misturam aspectos do funcionamento mental numa teoria abrangente, vaga e com pouco ou, às vezes, nenhum respaldo empírico.

Em alguns casos, como nas pesquisas com estresse, é difícil extrair uma conclusão definitiva. Algumas apontam que maior inteligência emocional está relacionada a menor estresse; outras sugerem o contrário. Ao mesmo tempo, entretanto, ambas as situações, segundo seus autores, são evidências de validade para a teoria de inteligência emocional. Diante desse impasse, fica difícil utilizar os conceitos para decidir, por exemplo, se é desejável que um candidato a uma vaga para um cargo suscetível a situações estressoras apresente inteligência emocional alta ou baixa.

Há ainda questões referentes às medidas do construto, que precisam ser estudadas de maneira mais aprofundada, como o instrumento MSCEIT quanto à sua forma de pontuação, e certos itens, como os representativos da área de *gerenciamento*, em que são propostos personagens em situações hipotéticas e o sujeito deve responder o que deveria

DA PSICOLOGIA
CONTEMPORÂNEA

fazer para melhorá-las. Essas respostas podem ser enviesadas pela desejabilidade social, ou seja, o sujeito pode responder o que pareceria mais socialmente adequado, e não o que de fato faria na ocasião.

Outro assunto importante, mas pouco referido nas publicações, refere-se exatamente a onde a inteligência emocional se encaixa nas teorias de inteligência, em especial o modelo CHC, que é atualmente o mais utilizado internacionalmente. Nesse modelo, foi proposto um novo subtipo de raciocínio para o Gc – a inteligência cristalizada – chamado de Gkn, ou conhecimento de domínio específico (McGrew, 2005), no qual certos aspectos da inteligência emocional poderiam ser inseridos. Estão incluídas capacidades especializadas, como conhecimento de uma segunda língua, conhecimento científico, linguagem de sinais e conhecimento de conteúdo comportamental; a última descreve a sensibilidade do indivíduo para formas de comunicação não verbais, como o reconhecimento de emoções, sentimentos e intenções em expressões faciais.

Há ainda grupos específicos que poderiam ser pesquisados. Por exemplo, o modelo de Mayer e Salovey estabelece a percepção de emoções como porta de entrada para o desenvolvimento da inteligência emocional, enfatizando o reconhecimento de expressões faciais; as provas de percepção do teste MSCEIT são compostas por fotografias de rostos e paisagens. Contudo, o modelo não esclarece como avaliar a capacidade de percepção emocional em indivíduos cegos, embora preveja que sons, música e entonação da voz possam ser portadores de informação emocional. Não esclarece também o que esperar da capacidade emocional de surdos, uma vez que esse grupo apresenta maior capacidade de reconhecimento gestual (Marshall; Atkinson; Smulovitch; Thacker; Woll, 2004).

Por esses motivos, sugere-se que a inteligência emocional seja abordada de maneira mais cautelosa por meio de suas ramificações; a *percepção* parece ser a área mais facilmente mensurável e passível de ser abordada em termos de respostas certas e erradas num teste, além de parecer se encaixar no modelo CHC. Pesquisas relacionadas já são realizadas no Brasil, como, por exemplo, por Barbosa (2004), que trabalhou com o desenvolvimento de um instrumento para avaliar a percepção de emoções em expressões faciais.

Há também, no Laboratório de Avaliação Psicológica e Educacional (LabAPE) da Universidade São Francisco, pesquisas em fases avançadas com instrumentos nacionais de avaliação da inteligência emocional. Esses instrumentos buscam medir áreas do construto em crianças e, especificamente, a percepção das emoções em adultos por meio de vídeos e fotos, além da adaptação e padronização do MSCEIT para o Brasil.

Entende-se que uma das explicações para a proliferação de avaliações e treinamentos duvidosos seja a escassez de medidas válidas e adaptadas para o âmbito nacional. Espera-se que trabalhos como esses venham suprir tal carência, proporcionando maiores compreensão, desenvolvimento e utilização do construto inteligência emocional.

Referências

ANTUNES, C. *Inteligência Emocional na construção do novo Eu*. Petrópolis: Vozes, 2002.

ATKINSON, R. L.; ATKINSON, R. C.; SMITH, E. E.; BEM, D. J.; NOLEN-HOEKSEMA, S. *Introdução à psicologia de Hilgard*. Porto Alegre: Artmed, 2002.

BAR-ON, R. *The Bar-On Emotional Quotient Inventory (EQ-i)*: a test of emotional intelligence. Toronto: Multi-Health Systems, 1997.

_____. Inteligência social e emocional: insights do emotional quotient inventory. In: BAR-ON, R.; PARKER, J. D. A. (orgs.) *Manual de inteligência emocional:* teoria e aplicação em casa, na escola e no trabalho. Porto Alegre: Artmed, 2002. p. 266-283.

BARBOSA, N. C. *Inteligência Emocional:* construção de um instrumento para a medida da percepção e autorregulação de emoções. 2004. Tese de doutorado. Instituto de Psicologia e Fonoaudiologia, Pontifícia Universidade Católica. Campinas.

BASTIAN, V. A.; BURNS, N. R.; NETTELBECK, T. Emotional intelligence predicts life skills, but not as well as personality and cognitive abilities. *Personality and Individual Differences,* n. 39, v. 6, p. 1135-1145, 2005.

BELTRAN, M. M. P. *Desenvolva a sua inteligência emocional e tenha sucesso na vida*. São Paulo: Paulinas, 2004.

BOYATZIS, R. E.; GOLEMAN, D.; RHEE, K. S. Agrupando as competências da inteligência emocional: visões do emotional competence inventory. In: BAR-ON, R.; PARKER, J. D. A. (orgs.). *Manual de inteligência emocional: teoria e aplicação em casa, na escola e no trabalho*. Porto Alegre: Artmed, 2002. p. 252-65.

BRACKETT, M.; MAYER, J. D. Convergent, discriminant, and incremental validity of competing measures of emotional intelligence. *Personality and Social Psychology Bulletin*, n. 29, p. 1147-1158, 2003.

BRIDOUX, D. *Manual de inteligência emocional:* curso intensivo com exercícios práticos. São Paulo: Madras, 2004.

BUENO, J. M. H. & PRIMI, R. Inteligência emocional: um estudo de validade sobre a capacidade de perceber emoções. *Psicologia:* reflexão e crítica, n. 16, v. 2, p. 279-291, 2003.

CARUSO, D. R.; MAYER, J. D.; SALOVEY, P. Relation of an ability measure of emotional intelligence to personality. *Journal of Personality Assessment*, n. 79, p. 306-320, 2002.

CARUSO, D. R.; SALOVEY, P. *Liderança com inteligência emocional*. São Paulo: M. Books, 2007.

CARUSO, D. R.; WOLFE, C. J. Emotional intelligence in the workplace. In: CIARROCHI, J.; FORGAS, J. P.; MAYER, J. D. (eds.). *Emotional Intelligence in Everyday Life:* a scientific inquiry. Philadelphia: Psychology Press, 2001. p. 150-67.

CIARROCHI, J.; CHAN, A.; CAPUTI, P. & ROBERTS, R. Measuring emotional intelligence. In: CIARROCHI, J.; FORGAS, J. P.; MAYER, J. D. (eds.). *Emotional Intelligence in Everyday Life:* a scientific inquiry. Philadelphia: Psychology Press, 2001. p. 25-45.

CIARROCHI, J.; DEANE, F. P.; ANDERSON, S. Emotional intelligence moderates the relationship between stress and mental health. *Personality and Individual Differences*, n. 32, p. 197-209, 2002.

COBÊRO, C. *Inteligência emocional: validade do MSCEIT no contexto organizacional*. 2004. Dissertação de mestrado. Universidade São Francisco. Itatiba.

CONSELHO FEDERAL DE PSICOLOGIA. *Resolução n. 002/2003.* Disponível em: <http://www.pol.org.br>, 2003.

DALGALARRONDO, P. *Psicopatologia e semiologia dos transtornos mentais.* Porto Alegre: Artmed, 2000.

DANN, J. *Aprenda as chaves da inteligência emocional.* São Paulo:7 Planeta do Brasil, 2005.

DANTAS, M. A. *Evidências de validade do Mayer-Salovey-Caruso Emotional Intelligence Test* (MSCEIT). Dissertação de mestrado. Universidade São Francisco, Itatiba, 2004.

DAVIES, M. *Teste sua inteligência emocional.* São Paulo: Arx, 2006.

DAWDA, D.; HART, S. D. Assessing EI: reliability and validity of the Bar-On Emotional Quotient Inventory (EQ-i) in University Students. *Personality and Individual Differences*, n. 28, v. 4, p. 797-812, 2000.

FREITAS, F. A. *Inteligência emocional:* evidências de validade e precisão do MSCEIT no contexto educacional. 2004. Dissertação de mestrado. Universidade São Francisco. Itatiba.

GOHM, C. L.; CORSER, G. C.; DALSKY, D. J. Emotional intelligence under stress: useful, unnecessary, or irrelevant? *Personality and Individual Differences,* n. 39, v. 6, p. 1017-1028, 2005.

GOLEMAN, D. *Inteligência emocional.* Rio de Janeiro: Objetiva, 1995.

_____. *Trabalhando com a inteligência emocional.* Rio de Janeiro: Objetiva, 1999.

_____. *Inteligência social:* o poder oculto das relações humanas. São Paulo: Campus/Elsevier, 2006.

_____; BOYATZIS, R.; MCKEE, A. *O poder da inteligência emocional:* a experiência de lidar com sensibilidade e eficácia. São Paulo: Campus, 2002.

GOLEMAN, D.; DALAI LAMA. *Como lidar com emoções destrutivas*. São Paulo: Campus/Elsevier, 2003.

GROSS, J. J.; JOHN, O. P. Wise emotion regulation. In: BARRETT, L. F.; SALOVEY, P. (eds.) *The Wisdom in Feelings:* psychological processes in emotional intelligence. New York: Guilford, 2002. p. 297-318.

HEDLUND, J.; STERNBERG, R. J. Inteligências em excesso? Integrando as inteligências social, emocional e prática. In: BAR-ON, R.; PARKER, J. D. A. (orgs.) *Manual de inteligência emocional:* teoria e aplicação em casa, na escola e no trabalho. Porto Alegre: Artmed, 2002. p. 111-31.

JESUS Jr., A. G. *Estudo de Validade e Precisão do Mayer-Salovey-Caruso Emotional Intelligence Test*. 2004. Dissertação de mestrado. Universidade São Francisco. Itatiba.

LANE, R.; POLLERMANN, B. Z. Complexity of emotion representations. In: BARRET, L. F.; SALOVEY, P. (eds.) *The Wisdom in Feelings:* psychological processes in emotional intelligence. New York: Guilford, 2002. p. 271-96.

LOPES, P. N.; SALOVEY, P.; STRAUS, R. "Emotional intelligence, personality, and the perceived quality of social relationships". *Personality and Individual Differences,* n. 35, p. 641-658, 2003.

LYONS, J. B. & SCHNEIDER, T. R. The influence of emotional intelligence in performance. *Personality and Individual Differences,* n. 39, v. 4, p. 693-703, 2005.

MARSHALL, J.; ATKINSON, J.; SMULOVITCH, E.; THACKER, A.; WOLL, B. Aphasia in a user of british sign language: dissociation between sign and gesture. *Cognitive Neuropsychology,* n. 21, v. 5, p. 537-554, 2004.

MATTHEWS, G.; ZEIDNER, M.; ROBERTS, R. D. *Emotional Intelligence:* science and myth. Cambridge: MIT Press, 2004.

MAYER, J. D. Emotional intelligence: popular or scientific psychology? *Monitor,* v. 30, p. 50, 1999.

_____. A field guide to emotional intelligence. In: CIARROCHI, J.; FORGAS, J. P.; MAYER, J. D. (eds.). *Emotional Intelligence in Everyday Life:* a cientific inquiry. Philadelphia: Psychology Press, 2001. p. 3-24.

MAYER, J. D.; SALOVEY, P. O que é inteligência emocional? In: SALOVEY, P.; SLUYTER, D. J. (eds.). *Inteligência emocional na criança:* aplicações na educação e no dia a dia. Rio de Janeiro: Campus, 1999. p. 15-49.

MAYER, J. D.; SALOVEY, P.; CARUSO, D. R. Inteligência emocional como zeitgeist, como personalidade e como aptidão mental. In: BAR-ON, R.; PARKER, J. D. A. (orgs.). *Manual de inteligência emocional:* teoria e aplicação em casa, na escola e no trabalho. Porto Alegre: Artmed, 2002a. p. 81-98.

_____. *Mayer-Salovey-Caruso Emotional Intelligence Test (MSCEIT):* user's manual. New York: Multi-Health Systems, 2002b.

_____; SITARENIOS, G. "Emotional intelligence as a standard intelligence". *Emotion,* n. 1, p. 232-242, 2001.

MCGREW, K. S. The Cattell-Horn-Carroll theory of cognitive abilities: past, present, and future. In: FLANAGAN, D. P.; HARRISON, P. L. (eds.) *Contemporary Intellectual Assessment:* theories, tests and issues. New York: Guilford, 2005. p. 136-181.

MIGUEL, F. K. *Estresse e inteligência emocional:* evidências de validade, 2006. Dissertação de mestrado. Universidade São Francisco. Itatiba.

_____; NORONHA, A. P. P. Estudo da inteligência emocional em cursos universitários. In: SOARES, A. P.; ARAÚJO, S.; CAIRES, S.

(org.). *Avaliação psicológica:* formas e contextos. Braga: Psiquilíbrios, 2006. p. 613-9.

NEWSOME, S.; DAY, A. L.; CATANO, V. M. Assessing the predictive validity of emotional intelligence. *Personality and Individual Differences,* n. 29, p. 1005-1016, 2000.

O'CONNOR Jr., R. M.; LITTLE, I. S. Revisiting the predictive validity of emotional intelligence: self-report versus ability-based measures. *Personality and Individual Differences,* n. 35, p. 1893-1902, 2003.

PALMER, B. R.; GIGNAC, G.; MANOCHA, R.; STOUGH, C. A Psychometric evaluation of the Mayer-Salovey-Caruso emotional intelligence test version 2.0. *Intelligence,* n. 33, p. 285-305, 2005.

PLUTCHIK, R. *Emotions and Life:* perspectives from psychology, biology and evolution. Washington: American Psychological Association, 2003.

PRIMI, R. Inteligência: avanços nos modelos teóricos e nos instrumentos de medida. *Avaliação psicológica,* n. 1, v. 2, p. 67-77, 2003.

SALOVEY, P.; BEDELL, B. T.; DETWEILER, J. B.; MAYER, J. D. Coping intelligently: emotional intelligence and the coping process. In: SNYDER, C. R. (ed.). *Coping:* the Psychology of what works. New York: Oxford University Press, 1999. p. 141-64.

SALOVEY, P.; MAYER, J. D. Emotional Intelligence. *Imagination, Cognition and Personality,* n. 9, p. 185-221, 1990.

SALOVEY, P.; GREWAL, D. The science of emotional intelligence. *Current Directions in Psychological Science,* n. 14, v. 6, p. 281-285, 2005.

SCHULTE, M. J.; REE, M. J.; CARRETTA, T. R. Emotional intelligence: not much more than g and personality. *Personality and Individual Differences,* n. 37, p. 1059-1068, 2004.

WARWICK, J.; NETTELBECK, T. Emotional Intelligence Is...? *Personality and Individual Differences*, n. 37, p. 1091-1100, 2004.

WEISINGER, H. *Inteligência emocional no trabalho*. Rio de Janeiro: Objetiva, 2001.

ZEIDNER, M.; MATTHEWS, G.; ROBERTS, R. D. Slow down, you move too fast: emotional intelligence remains an "ellusive" intelligence. *Emotion*, n. 1, v. 3, p. 265-275, 2001.

ZEIDNER, M.; SHANI-ZINOVICH, I.; MATTHEWS, G.; ROBERTS, R. D. Assessing emotional intelligence in gifted and non-gifted high school studentes: outcomes depend on the measure. In: *Intelligence*, n. 33, p. 369-391, 2005.

OBESIDADE E ANÁLISE DO COMPORTAMENTO ALIMENTAR: REVISÃO E NOVOS PARADIGMAS DE PESQUISA

Renato Camargos Viana[1]
Roberto Alves Banaco[2]

Nas últimas décadas houve progresso na sistematização de informações sobre a obesidade, razão de estudos e descobertas em áreas básicas e aplicadas. O estudo da obesidade sofreu influências interdisciplinares nos campos da saúde, dentre os quais se localiza a análise do comportamento. A preocupação com o assunto, de forma geral, cresce.

Territórios como os Estados Unidos constituem bons exemplos dessa preocupação. Nesse país, conforme informações divulgadas pelo Departamento de Saúde e Serviços Humanos, a prevalência da obesidade tornou-se epidêmica nos últimos vinte anos. A pesquisa nacional para avaliação da saúde e nutrição – *National Health and Nutrition Examination*

---

[1] Faculdade de Divinópolis – FACED e Academia de Polícia Militar de Minas Gerais – APM/PMMG. E-mail: renatovsk@gmail.com
[2] Pontifícia Universidade Católica de São Paulo, PUC – SP.

DA PSICOLOGIA
CONTEMPORÂNEA

Survey (NHANES) –, realizada entre 1999 e 2000, indicou que 64% dos adultos americanos são obesos ou têm sobrepeso. Tal estimativa foi considerada alarmante e fez com que um dos principais objetivos nacionais de saúde do governo, até o ano de 2010, fosse a redução da prevalência da obesidade em adultos para índices inferiores a 15%. No entanto, conforme o Centro de Controle de Doenças norte-americano, uma análise longitudinal da prevalência desse quadro, entre 1999 e 2000, mostrou tendências ao agravamento em vez de redução.

Estudos que investigam a relação entre obesidade e grau de riqueza de países foram realizados, alguns dos quais divulgados e revisados por Mancini (2002). Os dados indicam que nos países pobres ou com renda *per capita* de até 400 dólares, o índice de obesidade é geralmente reduzido, isto é, inferior a 4,5% da camada populacional. O mesmo não se pode dizer de países com renda *per capita* intermediária e alta, os considerados em desenvolvimento e ricos. Alguns destes apresentaram baixos índices de obesidade, como a Holanda, a Suécia e o Japão. Países como a Inglaterra (1995), os Estados Unidos (1991) e a Alemanha (1990) apresentaram um quadro diferenciado, com porcentagens de prevalência de obesidade de 31,5%, 44,4% e 36,5%, respectivamente.

Os resultados sugerem, de acordo com a análise de renda *per capita*, que em países considerados pobres pode ser mais facilmente estabelecida a relação entre o grau de pobreza e o acesso ao alimento. Nos países em desenvolvimento e ricos, outras variáveis passariam a controlar a prevalência de obesidade, como a quantidade de energia gasta de acordo com o tipo de função exercida, o acesso a certos tipos de alimentação e à informação, e a educação a respeito do assunto.

Alguns estudos brasileiros denotam variáveis que podem se relacionar à prevalência de obesidade no país, também sintetizados e divulgados em boletim da Associação Brasileira para o Estudo da Obesidade (Mancini, 2002). Sugere-se que a prevalência de obesidade e sobrepeso seja influenciada pelo acesso à renda, à informação e à educação, variando de acordo com a região geográfica. Análises nacionais mostram, em geral, uma tendência maior de obesidade na população feminina do que na masculina.

O mesmo não se pode afirmar para algumas análises estratificadas de certas subpopulações urbanas com grau de renda mais elevado. Um exemplo é a pesquisa comparativa de peso entre homens e mulheres do Banco do Brasil (1994), que indicou prevalência de peso na população masculina, nas três faixas de idade avaliadas (18-34, 35-44 e 45-64 anos). Segundo Mancini (2002), os resultados sugerem que o acesso à informação e à educação e a influência de padrões estéticos para essa subpopulação podem constituir variáveis de controle de peso à população feminina no Brasil.

A maioria dos estudos epidemiológicos utiliza como critério de medida da massa corporal o Índice de Massa Corpórea (IMC). No inglês, *Body Mass Index* (BMI), ou ainda, o Índice de Quetelet, é o método de mensuração quantitativa mais utilizado na prática clínica e nos estudos epidemiológicos (Mancini, 2002). Não é o mais preciso, mas o fácil cálculo e a correlação com adiposidade do corpo justificam sua utilização em larga escala. Para obter esse índice, a operação se constitui na divisão do peso (em quilogramas) pelo quadrado da altura (em metros).

Os valores resultantes podem ser analisados de acordo com referências adotadas pela Organização Mundial da Saúde

(OMS), para a avaliação do grau de obesidade e risco de doença. Valores de IMC inferiores a 18,5 indicam classificação de peso do tipo magreza, obesidade de grau zero (nenhuma obesidade) e elevado risco de doenças. Valores entre 18,5 e 24,9 indicam classificação de peso tipo normal, obesidade de grau zero (nenhuma obesidade) e risco de doenças compreendido como normal. Valores entre 25 e 29,9 indicam sobrepeso, obesidade de grau I e elevado risco de doenças. Valores compreendidos entre 30 e 39,9 indicam classificação de obesidade grau II e risco de doenças muito elevado. Acima desses, estão os índices de massa corpórea iguais a ou maiores que 40, indicadores de obesidade grau III (classificada como grave) e de risco de doenças muitíssimo elevado.

Além do IMC, Mancini (2002) aponta para a existência de outros métodos diagnósticos quantitativos, como o IMC percentual (mais indicado para crianças), o método somatório das pregas cutâneas (cuja precisão é questionável) e a bioimpedância de frequência única (que vem se tornando mais acessível ao uso cotidiano, pela diminuição do tamanho dos aparelhos de medição). O autor relata, ainda, a existência de outros métodos que buscam indicar a localização dos tecidos adiposos e determinar, com precisão, o fator de risco associado a essa localização (métodos ditos qualitativos). Destacam-se a relação cintura-quadril, a circunferência abdominal e os métodos de imagem.

O desenvolvimento de novos métodos e tecnologias sobre a detecção e avaliação da obesidade, bem como o aumento de sua compreensão epidemiológica longitudinal, constituem avanços para a área. Existem inúmeras contribuições a esse problema complexo e, conforme salienta Kerbauy

(2002), de "interesse universal [...] e [...] multifatorial". Uma delas é advinda da análise do comportamento. Conforme síntese de Brownell e O'Neil (1999), a história recente da obesidade apresenta atribuições etiológicas diversificadas. Nos anos 1950, a obesidade era considerada um problema psicológico e compreendida, sob as visões psicológica e psiquiátrica predominantes, como o reflexo de um distúrbio latente da personalidade. Tal distúrbio traria repercussões na resolução de conflitos voltadas para a alimentação excessiva. Na década de 1960, a análise do comportamento abordou com mais ênfase a obesidade, que passou a ser compreendida também como o resultado de hábitos alimentares mal-adaptativos. De 1980 em diante, a biologia teve papel predominante nas explicações de ganho de peso pelo estudo da genética, do metabolismo e da biologia em geral. Brownell e O'Neil (1999) observam ainda que, a partir de 1990, uma abordagem multifacetada passou a ser mais aceita para a compreensão e explicação do assunto e da problemática que o circunda.

A área médica, além de retirar o conceito de "doença psicológica", fornece um bom exemplo dessa abordagem. Atualmente, mesmo a obesidade constituindo categoria presente na décima revisão do Código Internacional de Doenças (CID-10, 1993), subscrita por E 66, distinguem-se ainda alguns subtipos que a definem: E66.0 – devido a excesso de calorias; E66.1 – induzida por drogas; E66.2 – obesidade extrema com hipoventilação alveolar (ou *síndrome de Pickwick*); E66.8 – obesidade mórbida; e E66.9 – obesidade não especificada. O critério diagnóstico exclui do rótulo de obesidade a distrofia adiposogenital (E23.6 – que são outros transtornos da hipófise); a lipomatose *SOE* (E88.2 – sem outra especificação);

a lipomatose dolorosa (ou doença de Dercum), (E88.2 – as lipomatoses especificam tipos de distúrbios metabólicos); e a sindrome de Prader-Willi (Q87.1 – síndrome com malformação congênita associada predominantemente ao nanismo).

A classificação desse estado físico e clínico dá-se em vários subtipos formados por critérios de comorbidade, agravos e/ou aspectos supostamente causais associados. Segundo essa concepção médica, a obesidade relaciona-se prioritariamente a estados clínicos de saúde física (hipoventilação alveolar), e alguns agravantes estão relacionados a fatores compreendidos como comportamentais (induzidos por drogas ou devido à ingestão excessiva de calorias).

No Manual Diagnóstico e Estatístico de Transtornos Mentais (DSM-IV), voltado à definição diagnóstica na psiquiatria para a avaliação dos transtornos ditos mentais, abordam-se dez referências indiretas à obesidade. Apresenta-se o tema obesidade nos *transtornos relacionados à anfetamina* (ou substâncias de mesmo tipo), isto é, adicção por drogas que podem ser utilizadas para redução de peso e tratamento do peso excessivo; nos *transtornos de ansiedade*, especificamente para o subtipo *fobia social* (em que a obesidade é compreendida como uma das possíveis causas de piora do quadro de esquiva social); no *transtorno do sono relacionado à respiração* (em que a obesidade pode existir como um achado de exame físico e de condições médicas gerais associadas, constituindo evidência para diagnóstico diferencial durante o *transtorno do terror noturno*); nos *transtornos alimentares* (em que a obesidade simples foi descartada da condição de *transtorno comportamental*, exatamente por não haver uma associação consistente com uma síndrome psicológica); no subtipo *bulimia nervosa* (em que se especifica a obesidade como mais prevalente em homens do que em mulheres); e no *transtorno de compulsão periódica* (em que a obesidade aparece como característica física comum a uma considerável parcela da população investigada).

No DSM-IV, o tema encontra-se, portanto, na condição de sintoma ou estado clínico geral associado a outro transtorno catalogado. A obesidade é considerada um possível fator ansiogênico *per se* e afeta a condição clínica. Não há a inclusão do nome obesidade como uma categoria de transtorno ou doença de cunho psicológico.

Conforme Cavalcante e Tourinho (1998), critérios de classificação como os critérios médicos descritos anteriormente não são suficientes à análise do comportamento. Isso porque não permitem a realização de uma análise funcional e não fornecem um corpo explicativo, descritivo e classificatório – necessários ao tratamento e à intervenção do psicólogo comportamental de orientação behaviorista radical. No entanto, observam também que a ausência de um sistema classificatório próprio é a realidade atual na análise do comportamento (Cavalcante; Tourinho, 1998).

Quanto ao uso de terminologias analítico-comportamentais que se relacionam ao comportamento de comer, alguns autores observam ainda a dificuldade de definições de terminologias apropriadas. A análise da literatura indica que nomes que antes denotavam com mais clareza o objeto do estudo do analista do comportamento e que se relacionavam a um comportamento específico, como o de comer, deram lugar a outros mais gerais, como obesidade. Kerbauy (1987) descreve a variação da terminologia com o passar dos anos e cita algumas outras: "controle alimentar, (...) controle da superalimentação, [...] [e o mais recente], obesidade". Sobre a tendência do uso dessa denominação mais recente, Ades e Kerbauy (2002, p. 199) reparam que "a denominação de obesidade é conhecida e remete a uma doença, mas coloca pouca ênfase na análise do comportamento alimentar".

Essa variedade de terminologias, intervenções, formas de encarar a problemática do comportamento alimentar e influências entre áreas pode ser comprovada numa breve análise da própria literatura analítico-comportamental aplicada, relacionada à obesidade, ao comportamento alimentar e ao comer excessivo. Artigos de um periódico significativo da área, o *Journal of Applied Behavior Analysis* (JABA), apontam para um espectro de procedimentos, terminologias e enfoques diversificados.

Um ponto a se ressaltar na análise dos primeiros artigos desse periódico é o interesse pela pesquisa com crianças. Segundo Epstein, Parker, McCoy e McGee (1976), a literatura a respeito do assunto era carente de dados com crianças e, em sua maioria, usava sujeitos adultos quando envolvia a temática obesidade.

No entanto, essa ausência não significa que não fossem envolvidos os pais e familiares na modificação do comportamento alimentar das crianças. Foi o que apresentaram Aragona, Cassady e Drabman (1975); Klesges *et al.* (1983); e Werle, Murphy e Budd (1993), com três experimentos sugerindo a importância do treino de pais ou do contrato de contingência[3] com os pais na modificação do comportamento alimentar dos filhos.

---

3 Contratos de contingência constituem-se da definição de contingências entre as partes envolvidas na problemática comportamental, na forma de um contrato. Isso inclui descrever previamente as

Nem todas as pesquisas relacionadas ao comportamento alimentar referiram-se exclusivamente à perda de peso ou à obesidade. Muitos experimentos publicados no JABA propuseram-se à modificação de hábitos alimentares; porém, visavam à prevenção de doenças diversas; à correta adesão nutricional para o tratamento de doenças renais crônicas, como em usuários de serviços de hemodiálise (Magrab; Papadopoulou, 1977); ao tratamento da recusa alimentar em crianças hospitalizadas (Riordan; Iwata; Finney; Wohl; Stanley, 1984; Werle; Murphy; Budd, 1993; Kerwin; Ahearn; Eicher; Burd, 1995); à diminuição dos custos financeiros relacionados ao comportamento de compra direcionada à alimentação (Winett; Kramer; Walker; Malone; Lane, 1988).

Há ainda exemplos de intervenção em outros contextos, como em ambientes escolares (Madsen Jr.; Madsen; Thompson, 1974; Epstein et al., 1976), nos quais se apresentou a preocupação com definições topográficas do comportamento alimentar. McKenzie, Sallis, Nader, Patterson, Elder, Berry, Rupp, Atkins, Buono e Nelson (1991) enfatizaram o aspecto funcional desse comportamento.

Foram apresentados, também no periódico, experimentos investigando pacotes comparativos de técnicas comportamentais (Loro Jr.; Fisher Jr.; Levendron, 1979; Winett; Kramer; Walker; Malone; Lane, 1988), bem como comparando a eficácia de técnicas isoladas (Lennox, 1987;

---

contingências em operação e definir aquelas desejadas (respostas-alvo e estímulos antecedentes e reforçadores – nesse caso, fornecidos pelos pais –, que devem ser associados a elas).

113

Wright; Vollmer, 2002). O controle de estímulos alimentares em ambientes públicos constituiu um exemplo de uma técnica isolada e foi investigado em três trabalhos (Mayer; Heins; Vogel; Morrison; Lankester; Jacobs, 1986; Winett; Kramer; Walker; Malone; Lane, 1988; Stock; Milan, 1993). Uma análise detalhada de cada uma dessas publicações confirmou a diversidade de intervenções ao tema e suas abordagens.

Atentos à influência do ambiente social, Aragona, Cassady e Drabman (1975) verificaram o tratamento do sobrepeso de crianças por meio do treino dos pais e do uso de um contrato de contingências. Distribuíram em três grupos quinze crianças (com idade entre 5 e 11 anos) e testaram dois tipos de procedimentos sobre as respostas dos pais. Ao primeiro grupo era previsto um procedimento envolvendo o custo da resposta; ao segundo, o custo da resposta mais reforçamento; ao terceiro, não cabia nenhum procedimento por ser o grupo controle. O "custo da resposta" consistiu de um contrato de contingências feito com os pais, em que quantias de dinheiro eram dispostas por eles, de acordo com sucessos nos objetivos de redução do peso de seus filhos e com seu próprio desempenho na forma consequente de estimulação dos comportamentos-alvo das crianças.

Ambos os grupos experimentais (de pais) foram informados sobre o controle de estímulos alimentares e o controle da resposta alimentar. Para um desses grupos havia um treino específico sobre procedimentos de reforçamento dos comportamentos dos filhos e o ensino do registro pormenorizado dos comportamentos reforçados (nomeado de "custo da resposta mais reforçamento").

Os resultados apontaram redução de peso nas crianças envolvidas, sem diferenças significativas entre estas, em relação ao grupo controle. No entanto, etapas de *follow-up* mostraram que no grupo em que técnicas de reforçamento foram ensinadas aos pais (custo da resposta mais reforçamento), houve índices significativos no quesito reganho[4] em relação ao grupo experimental que não usava esse procedimento. Portanto, tais procedimentos associados ao contrato de contingências seriam interessantes à manutenção do peso perdido.

Confirmando a importância do treino de pais e do reforço social parental na modificação do comportamento de comer dos filhos, Klesges, Coates, Brown, Sturgeon-Tillisch, Moldenhauer-Klesges, Holzer, Woolfrey e Vollmer (1983) utilizaram um instrumento específico de registro nutricional[5] que investigou variáveis do ambiente físico e social, enquanto as respostas de comer eram emitidas pelos sujeitos analisados. Foram estudados os comportamentos alimentares de catorze crianças entre 1 e 3 anos. Os resultados indicaram uma alta correlação entre alimentação, peso e o encorajamento ao

---

[4] Reganho de peso é o processo de redução gradual da proporção de perda do peso com o passar do tempo de dieta, mantendo-se a mesma dieta, e retorno da massa corporal a padrões semelhantes aos anteriores à intervenção após a interrupção do procedimento, em tempo mais rápido que o necessário ao emagrecimento, geralmente atribuído a mediações internas compensatórias de ordem metabólica.

[5] BATMAN, ou *Bob and Tom's Method of Assessing Nutrition*, que dispõe de: lista contendo o ambiente físico ou os cômodos de uma residência; o tipo de resposta emitida em direção à comida; o tipo de interação social (encorajamento ou não) que o sujeito que come pode ter com os outros membros durante o ato de comer e a resposta à interação.

comer, em geral realizado pelos pais. Os autores chamam a atenção ainda para situações persuasivas envolvendo ofertas alimentares indiretas, detectadas entre familiares, como possível variável de interferência no peso.

Com o intuito de pesquisar as interações tocantes ao comportamento alimentar entre mães e filhos no ambiente doméstico, Werle, Murphy e Budd (1993) usaram um desenho experimental de linha de base múltipla. Eram registrados e gravados em vídeo os comportamentos de três mães e dos respectivos filhos que logo eram classificados. Depois eram definidos como alvo os comportamentos dos pais que teoricamente promoviam aumento da ingestão alimentar e redução de respostas disruptivas e relacionadas à recusa alimentar. Etapas de treino foram realizadas com os pais a fim de sugerir o aumento da ocorrência de certos grupos de respostas, tais como o uso de lembretes verbais menos vagos e da atenção positiva de acordo com a resposta alimentar dos filhos. Foi introduzida, ainda, uma etapa de treino por meio de *feedback* visual, em que os pais viam e discutiam o seus próprios comportamentos registrados nas sessões anteriores.

Os resultados indicaram redução dos comportamentos disruptivos e aumento na frequência de ingestão dos alimentos-alvo para cada um dos três sujeitos (todavia, houve interrupção do procedimento num dos casos, por interesse da mãe). Ao discutir os resultados, os autores observaram a ausência de *follow-up* como um ponto relevante.

Riordan *et al.* (1984) buscaram modificar o comportamento alimentar de quatro crianças hospitalizadas que recusavam cronicamente a alimentação e não possuíam habilidades de alimentação independente. As crianças foram escolhidas de acordo com critérios como presença de riscos físicos relacionados a problemas alimentares, dificuldades de deglutição e ausência de habilidades de alimentação pessoal. Foram definidas e conceituadas variáveis dependentes, como aceitação alimentar, expulsão do alimento da boca e comportamentos disruptivos (choro e interrupção alimentar). O delineamento consistiu-se de etapas experimentais seguidas de reversão, de uma etapa que visou à manutenção e de outra de *follow-up*.

O alimento era oferecido às crianças pela suspensão do talher, que continha um pouco de comida, e aproximação à boca. Foram dados alimentos separados em vários grupos, como os de frutas, vegetais, carnes e amidos. Independentemente de a criança ter ou não ingerido o alimento, não era seguida qualquer consequência a essa conduta. Por razão dessa etapa, foram definidos individualmente alguns reforçadores que seriam usados nas etapas de intervenção.

Um detalhe importante é que os reforçadores se consistiam dos alimentos preferidos de cada pessoa. Uma delas não manifestou preferências alimentares e, para ela, alguns brinquedos prediletos foram definidos como reforçadores. Na etapa de manutenção – etapa sequencial posterior nesse delineamento de linha de base múltipla –, os reforçadores escolhidos foram os mesmos daqueles definidos na intervenção; no entanto, foram entregues num esquema intermitente.

A primeira fase da intervenção baseou-se em ignorar os comportamentos disruptivos dos sujeitos e em reforçar, de forma contingente, a ingestão da alimentação-alvo para cada um deles. Além disso, constitui-se de elogios verbais associados à entrega de reforçadores.

Foram seguidas etapas de acompanhamento ao final para três dos quatro sujeitos (um deles mudou e não pôde ser acompanhado no seu novo endereço, em outro estado). Uma exceção fez-se àqueles sujeitos cuja problemática comportamental de recusa alimentar se mostrava mais crônica. Para este, elogios verbais e brinquedos foram distribuídos na primeira fase de intervenção. Assim, de forma geral, alimentos cuja ingestão era considerada deficiente foram introduzidos gradativamente na alimentação dos sujeitos, e os comportamentos de ingestão de alimentos foram reforçados de maneira distinta. Com algumas diferenças para cada sujeito, os resultados indicaram alteração substancial na ingestão alimentar dos alimentos-alvo. Etapas de *follow-up* indicaram a manutenção dos novos padrões alimentares adquiridos e a generalização para novos comportamentos desejados.

Ainda no contexto hospitalar, Magrab *et al.* (1977) procederam de forma a alcançar, com certa urgência (dadas as condições clínicas delicadas dos pacientes), a adesão a uma dieta restritiva para crianças e para um adolescente. Todos eram usuários de serviços de hemodiálise, cuja condição última, em função de complicações clínicas, é o transplante renal. Segundo os autores, havia histórico de insucesso em três dos quatro sujeitos que participaram do estudo; além disso, procedimentos como instruções nutricionais, aumento da atenção da equipe de saúde, aconselhamento paterno e acompanhamento médico mostraram-se ineficazes.

Um programa de economia de fichas foi planejado. Reforçadores foram escolhidos pelos próprios sujeitos e um plano de conversão de dinheiro em fichas foi definido pela equipe. Os pontos eram ganhos conforme o alcance de resultados desejados, que eram relativos ao peso corporal e aos níveis tolerados de potássio e outros elementos no sangue. Em um delineamento A-B-A, os resultados mostraram que a intervenção contribuiu para a redução do grau de flutuação do peso corporal em até 45% e para a adequação do potássio e de demais elementos sanguíneos a níveis desejados. Os autores sinalizaram a importância de programas como estes também para os casos em que a presença dos pais é faltosa.

Procedimentos relacionados à recusa e à aceitação alimentar em pacientes com problemas de saúde também foram investigados por Kerwin e colaboradores (1995); os resultados foram observados sob o paradigma da economia comportamental[6]. A primeira fase do experimento serviu como linha de base. O objetivo geral dessa investigação foi demarcar para cada participante o ponto limite em que o aumento do custo da resposta alimentar passou a não mais produzir acréscimo na quantidade de alimento ingerido, mas diminuição. Foi determinada uma escala que demarcava o custo das respostas de consumo (respostas de expulsão ou aceitação alimentar) em função da quantidade de alimento consumido[7]. Valendo-se de um procedimento de Reforçamento Diferencial

---

6 Economia comportamental é um subcampo da análise experimental do comportamento que descreve e quantifica relações funcionais entre custo (do comportamento, usualmente número ou taxa de respostas) e quantidade de bens disponíveis ao consumo (em geral, comida, drogas ou ambos) (Kerwin et al., 1995, p. 245; Allison, 1981; 1983; Hursh, 1980; 1984).

7 A escala que partia do baixo custo de resposta até o custo maior era a seguinte: colher vazia, colher mergulhada no alimento, um quarto da colher com alimento, metade da colher com alimento e colher cheia de comida.

para respostas Incompatíveis[8] (DRI), o ponto limite e a linha de base do comportamento alimentar de cada uma das três crianças foram registrados.

Em um segundo momento, um procedimento de linha de base múltipla foi utilizado; neste, enfatizou-se o uso de uma escala alimentar progressiva, realizada por meio da medição do volume contido nas colheres. Um procedimento de *DRI* também foi utilizado, mas de acordo com uma sequência planejada conforme o grau de aceitação alimentar. Kerwin *et al.* (1995) observaram a efetividade do tratamento utilizado pelo aumento da aceitação alimentar, com ganho clínico para os três sujeitos.

O artigo mais antigo relacionado ao comportamento alimentar desse periódico data de 1974, e o objetivo dos pesquisadores era modificar a dieta, pouco saudável, de crianças numa escola rural. Madsen Jr., Madsen e Thompson (74) noticiaram alterações nutricionais significativas alcançadas pela modificação na ingestão alimentar de crianças de baixa renda em função do uso de métodos positivos. Os reforçadores eram barras de cereais ou elogios contingentes ao comportamento-alvo e eram oferecidos pelos professores no período da merenda.

---

8   Este procedimento, denominado *DRI*, consistia na combinação combinação de um método positivo e outro negativo, ambos relacionados diferencialmente à aceitação alimentar e à recusa alimentar. Por meio da evitação da condução da colher até a boca, e mesmo da manutenção da colher nos lábios, uma criança poderia deglutir. Se não o fizesse, um evento contingente de punição negativa relacionada ao acesso aos brinquedos ou à atenção poderia ocorrer. Um chamado verbal para comer e o contingente acesso aos brinquedos indicavam a ocasião e a recompensa para a ingestão alimentar.

Os autores também manifestaram preocupações com a definição topográfica e o registro do comportamento de comer, e definiram três sequências de respostas: "(1) movimento da comida dos recipientes em direção à boca pelas mãos ou talheres; (2) movimento do líquido à boca por qualquer recipiente disponível e/ou quando (3) a comida era realmente observada na boca" (Madsen Jr., Madsen; Thompson, 1974, p. 259). Eram descartados da análise os comportamentos relacionados à manipulação do alimento pelas crianças, além de outros que não condiziam com os escolhidos pelos pesquisadores. Em um delineamento do tipo A-B-A-B, os resultados apontaram substancial aumento da frequência de ingestão para alimentos desejados, por uso desses métodos supracitados.

Ainda no contexto escolar, Epstein e seus colaboradores (1976) observaram o comportamento alimentar de seis crianças de 7 anos, durante o intervalo da merenda, e classificaram os tipos de comportamento de acordo com aspectos topográficos observados. Os autores definiram quatro padrões de respostas:

> (1) Mordida: inserção do utensílio alimentar e da comida para dentro da boca e retirada do utensílio da boca, ou inserção do pedaço inteiro ou parte da comida na boca (com os dedos da mão) e retirada ou remoção dos dedos. Ainda, o contato da boca ou língua com os alimentos (como em um sorvete). [...] (2) Goles: contatos de utensílios de beber (xícaras, copos, canudos etc.) com os lábios e remoção dos mesmos dos lábios. [...] (3) Atividades Concorrentes: qualquer atividade que concorreu durante o período e competiu com o comer, tal

como fala, sorriso, arremesso de objetos, e outros movimentos corporais como girar a cadeira em 90 graus, espreguiçar e sair da cadeira. [...] (4) Descanso dos utensílios: colocar os utensílios na bandeja ou na mesa depois de cada mordida, ou retirar as mãos dos utensílios [...] (Epstein; Parker; McCoy; McGee, 1976, p. 408-409).

Num esquema de linha de base múltipla, os sujeitos foram submetidos a três etapas sequenciais: linha de base, que foi o registro sem qualquer intervenção; etapa de instruções verbais (vocais), em que as crianças foram orientadas a comer mais lentamente e a descansar os talheres sobre a mesa; e etapa de instruções acrescidas de elogios verbais (textuais), que objetivavam produzir a manutenção do comportamento de descansar os talheres e comer mais lentamente. Também foi registrada e avaliada a diversidade nutricional dos alimentos ingeridos e servidos. Os resultados indicaram redução nas taxas de beber e comer, para todos os sujeitos, e subsequente redução e manutenção dessas taxas na etapa de instrução acrescida de elogios (textuais), para cinco dos seis sujeitos.

McKenzie *et al.* (1991) apresentam um sistema acessório pormenorizado de registro funcional do comportamento alimentar: o *BEACHES*[9]. Com o seu desenvolvimento, os autores pretendiam: "(a) permitir observação integrada da atividade física e alimentação; (b) detectar associações entre interações sociais e ambientes; (c) detectar um leque de influências sociais e ambientais que poderiam ser manipuladas por meio

---

9   *BEACHES* – no inglês, *Behaviors of Eating and Activity for Children's Health Evaluation System.*

de programas de promoção da saúde" (McKenzie *et al.*, 1991, p. 142).

Com o auxílio de um programa de computador, observadores treinados registraram dez categorias relacionadas a atividades – alimentares e/ou físicas – dos sujeitos: (1) ambiente, (2) localização física, (3) nível de atividade, (4) comportamento alimentar, (5) interação, (6) antecedentes, (7) ocasião para os eventos, (8) resposta das crianças, (9) consequências e (10) consequências retornadas dos eventos. Os autores evidenciaram a utilidade desse sistema para estudos longitudinais e para acessos a múltiplas variáveis (físicas e sociais) – seus antecedentes e consequentes, que poderiam estar associados ao comportamento alimentar de crianças.

Outros pesquisadores se propuseram a verificar a eficácia de algumas técnicas em isolado. Lennox, Miltenberger e Donnely (1987) buscaram verificar a influência da interrupção de respostas e do *DRL*[10] nas respostas de comer rápido em pacientes com retardo severo. Foi utilizado um desenho experimental de linha de base múltipla A-B-A-C-D, em que *A* era a linha de base, ocorrendo o registro sem intervenção. A etapa *B* baseava-se na definição de um intervalo fixo para que ocorressem o ato alimentar e a interrupção de resposta caso o intervalo não fosse cumprido. Assim, a cada 15 segundos, era permitida uma resposta alimentar do sujeito. Caso fosse realizada antes do intervalo, era interrompida pelo experimentador, que conduzia as mãos do paciente até a mesa e

---

10 DRL – *Differential Reinforcement of Low Rate*: é a sigla do inglês usada para indicar procedimentos de reforçamento diferencial de baixas taxas (de frequência de uma resposta-alvo).

as liberava em seguida. Caso ocorresse após o intervalo previsto, era reforçada pela própria alimentação. A etapa C era baseada em *DRL*; a interrupção do intervalo de 15 segundos por uma resposta alimentar fazia com que a contagem fosse reiniciada. Se o intervalo não fosse interrompido, a contagem prosseguiria normalmente e o cumprimento do intervalo seria reforçado naturalmente pela alimentação. A *D* baseava-se no *DRL* acrescido de lembretes verbais (vocais) por parte do experimentador, na qual respostas antes do intervalo seriam informadas e recontadas. Por fim, a etapa *E* constituía-se da tentativa de generalização desses procedimentos para outros ambientes (por exemplo, para o café da manhã dos sujeitos em seus ambientes residenciais), além do contexto experimental.

Os resultados indicaram, para dois dos três sujeitos, a eficácia do *DRL* baseado em respostas temporais e a clara influência dos lembretes verbais como resultantes do aumento do intervalo entre respostas. O procedimento foi interrompido para um dos sujeitos na fase de *DRL* e lembretes verbais em função do aumento da frequência de respostas autoagressivas.

Wright e Vollmer (2002) reaplicaram o procedimento de Lennox *et al.* (1987) numa paciente de 17 anos que apresentava retardo severo, observando ainda os efeitos negativos descritos no procedimento anterior, como as condutas de autoagressão. Este procedimento foi delineado da seguinte forma: A-B-C-(C+D)-C-A-C, em que *A* era a linha de base; *B* era *DRL* fixado; *C*, um *DRL* ajustado; e *D*, a presença de *prompts* verbais. A necessidade de introdução de uma etapa *C* ocorreu em função do número reduzido de repostas alimentares pelo *DRL* 15s, além do número elevado de comportamentos disruptivos.

Os resultados indicaram a eficácia do procedimento na obtenção do cumprimento do tempo entre respostas alimentares (15 s) e, ainda, a presença de comportamentos disruptivos ou os efeitos negativos descritos no experimento anterior. No entanto, os autores relataram a diminuição desses efeitos ao final do experimento, e atribuíram-nos a comportamentos supersticiosos (disponibilidade alimentar em função de comportamentos disruptivos) e sua redução posterior a processos de extinção.

Dada a diversidade de técnicas e modelos de intervenção possíveis no tratamento do sobrepeso e da obesidade, experimentos serviram para comparar algumas das técnicas, analisando sua eficácia. Loro *et al.* (1979), por exemplo, compararam a eficácia da Engenharia Situacional *(SE)* do Controle do Comportamento de Comer *(EBC)* e do tratamento que denominaram autoiniciado *(SI)*. O que os levou à realização desse experimento foi a presença de algumas variáveis na literatura, como:

> (1) críticas teóricas que pessoas obesas ou com sobrepeso são hipersensíveis a dicas alimentares externas; (2) indagações a respeito das diferenças marcantes entre hábitos alimentares de obesos e não obesos; (3) sugestões que tratamentos comportamentais muito diretivos provocariam resistência dos clientes e atrapalhariam a adoção de objetivos da terapia comportamental; (4) resultados de análises operantes voltadas ao autocontrole (Loro *et al.*, 1979, p. 141).

DA PSICOLOGIA
CONTEMPORÂNEA

Segundos os autores, havia dúvidas acerca da eficácia da Engenharia Situacional na redução do comportamento alimentar, apesar de muito citada na literatura, e acerca dos procedimentos de modificação de hábitos alimentares (havendo evidências contrárias na literatura que indicariam poucas diferenças entre estilos alimentares de obesos e não obesos).

Dessa maneira, apresentar e mensurar a eficácia das duas primeiras técnicas foi o objetivo do experimento. Os autores ressaltaram variáveis como o grau de resistência dos sujeitos envolvidos diante da realização de procedimentos de engenharia comportamental e da modificação do comportamento de comer, exatamente pela utilização de esquemas de reforçamento extrínsecos e não intrínsecos.

Para a constituição de um grupo controle, portanto, arranjou-se um conjunto de técnicas pautadas na menor intrusão e direção na condução do tratamento dos sujeitos (agrupadas com o nome "Autoiniciado" ou, no inglês, sob a sigla *SI*). Assim, para o grupo, noções teóricas sobre o automonitoramento e o lado operante do autocontrole foram ensinadas. Além disso, houve o ensino de técnicas gráficas indicativas de desempenho longitudinal, que poderiam contribuir para a manutenção de objetivos no longo prazo e salientar o objetivo-alvo do tratamento.

Os resultados mostraram que procedimentos de Engenharia Situacional (*SE*), se usados isoladamente, eram menos eficazes do que procedimentos relacionados às mudanças de respostas do comportamento de comer (*ECB*). Indicaram, ainda, que as técnicas menos diretivas autoiniciadas (*SI*) de autorregistro e de autocontrole foram mais eficazes do que as demais, no curto e médio prazos, isto é, na perda de peso e na manutenção.

Winett *et al.* (1988) também contribuíram para a comparação entre técnicas. Realizaram um experimento que comparou a eficácia de sete variantes de técnicas usando o *feedback*; o objetivo era promover a redução dos gastos associados a compras e a escolha de alimentos com baixo índice de gordura.

O método baseava-se numa etapa de linha de base e em outra experimental, ambas com sete semanas de duração. Todos os envolvidos no experimento preencheram constantemente fichas de registro com *check-lists* e foram separados em sete grupos com procedimentos assim categorizados: grupo controle, em que os sujeitos receberam notificações a respeito da importância de se controlar as compras; grupo de *"feedback* sem modelação por imagem vídeo"; de *"feedback* com modelação por imagem de vídeo"; de *"feedback* sem vídeoconferência"; de *"feedback* com vídeoconferência"; de *"feedback* com modelação por imagem de vídeo e participação pessoal" e grupo de *"feedback* sem discussão e sem modelação pessoal".

Os resultados indicaram a importância da combinação de técnicas de *feedback* (como o uso de vídeos ou conferências sugerindo o consumo de produtos saudáveis, formas de preparo alimentar e formas de comprar) e de técnicas direcionadas aos objetivos-alvo (modelação por meio de vídeo ou pessoal) na modificação dos comportamentos de compra. Os autores discutiram ainda as dificuldades de implementação desses sistemas em larga escala, sugerindo que clientes, governo, indústria e pesquisadores poderiam se beneficiar com essa implementação.

DA PSICOLOGIA
CONTEMPORÂNEA

Na segunda metade da década de 1980, alguns artigos do JABA trouxeram a perspectiva do controle de estímulos e de mudanças do ambiente físico, visando à modificação do comportamento alimentar. Dois procedimentos (um deles era a replicação) foram realizados numa cafeteria e num restaurante. A preocupação dos pesquisadores era prover a maior ingestão de fibras e a redução da ingestão de gorduras, em função das relações entre alimentos gordurosos e riscos à saúde.

Mayer, Heins, Vogel, Morrison, Lankester e Jacobs (1986) relataram um procedimento em que observadores treinados registraram, da forma mais discreta possível, os alimentos escolhidos pelos clientes numa cafeteria. Durante nove semanas, em tempo integral, os observadores revezaram-se na coleta de dados. Num procedimento com linha de base, intervenção, reversão e intervenção (A-B-A-B), foi inicialmente levantada a proporção entre alimentos de baixo teor de gordura e os demais alimentos oferecidos.

Na etapa de intervenção, um pôster ilustrado foi disposto na área de servir e folhetos foram colados às mesas, com as seguintes informações:

> Comidas de baixo teor de gordura = diminuição do colesterol = um coração mais saudável. Escolha alimentos grelhados ou assados; cortes magros da carne; frango ou peixe. Confira nossas opções de alimentos de baixo teor de gordura: frango grelhado; linguado[11] assado; linguado grelhado (Mayer *et al.*,

---

11 Nome usual para algumas espécies de peixes comestíveis.

1986, p. 399).

Na fase de reversão, foi retirado o material informativo e realizado o registro. Os sujeitos respondiam a questões sobre a ciência ou não do material informativo.

Os resultados indicaram, com clareza, o aumento do consumo de alimentos com baixo teor de gordura nas etapas de intervenção 1 (aumento de 85%) e 2, e consequente redução na fase de reversão. A análise dos resultados sugeriu que a especificação dos comportamentos desejáveis, o uso apropriado e educado da linguagem e a proximidade física do estímulo da área de servir – pôster com informações – foram importantes para o alcance dos resultados. Critica-se o fato de o procedimento ter apresentado apenas resultados no curto prazo, não havendo clareza sobre a sua continuidade e a sua eficácia no longo prazo para procedimentos dessa natureza. Em uma replicação, desta vez realizada num restaurante, Wagner e Winett (1988) usaram pôsteres e lembretes, que visavam à estimulação da compra de saladas, e encontraram resultados bastante semelhantes.

Alguns anos depois, Stock e Milan (1993) valeram-se de um desenho experimental do tipo A-B-C-D-E-D-C-A, assim constituído: linha de base (formada por *prompts* e retirada dos *prompts*); em seguida, *prompts* de maior intensidade com acompanhamento sequenciado de *feedback*, reforçamento social, jogo de loteria e o que nomearam de "confederado".

O experimento foi realizado em benefício de três idosos residentes, que necessitavam modificar seus hábitos alimentares. *Prompts* ou sinais eram indicados para mostrar o grau de colesterol dos alimentos servidos; na fase de retirada dos sinais, nenhum lembrete era associado aos alimentos. *Prompts* ou lembretes aumentados surgiam da combinação de variáveis, como informações sobre saúde, *media*, dicas verbais e outras. Além disso, o *maitre* do local ocupava-se de fornecer dicas verbais e reforçamento social. Gráficos eram realizados fornecendo *feedback* aos usuários. A regra do jogo de loteria, introduzido na sequência experimental, implicava a distribuição de reforços contingentes à escolha de itens saudáveis, isto é, a distribuição de fichas que davam benefícios posteriores aos usuários. Confederados eram internos do local, escolhidos conforme critérios como o de ter hábitos saudáveis, e serviriam para fornecer modelos alimentares aos demais usuários.

O experimento foi aplicado em duas situações: a primeira, de forma isolada, envolvendo apenas os três sujeitos experimentais; a outra, em ocasiões grupais, envolvendo a presença dos demais moradores. Na primeira situação, foram notadas mudanças consideráveis nos hábitos alimentares dos participantes, a partir de métodos como lembretes, *feedback* e reforçamento social. O mesmo não se percebeu quanto ao uso da loteria e do apoio de um confederado para os três participantes. Quando houve a presença grupal dos demais internos, foram verificados resultados diferentes para os mesmos procedimentos.

Apesar de muitos desses experimentos apresentarem resultados efetivos nas etapas de intervenção, alguns autores se revelaram reticentes quanto à sua eficácia. No JABA, essa postura se mostrou marcante em ponderações teóricas, como as de Wooley, Wooley e Dyrenforth (1979). Segundo os autores, resultados pouco conclusivos ocorriam com boa parte das pesquisas sobre redução de peso até a época estudada, e variáveis de ordem metabólico-compensatórias poderiam estar associadas a resultados inconclusivos nas pesquisas.

Para exemplificar o mecanismo de mudanças adaptativas, reganho e compensação metabólica, e justificar suas observações, os autores recorreram aos experimentos de Boyle, Storlien e Kessey (1978), em que ratos foram submetidos a uma dieta de reganho de peso. Grupos de ratos, em situação de dieta alimentar restritiva, engordaram 26,6 gramas em comparação a 1,6 gramas do grupo controle; o grupo experimental estava com disponibilidade alimentar inferior à do grupo controle. Concluíram informando que condições de privação não apenas predispunham ao rápido reganho, como também a um acúmulo excessivo de tecidos adiposos maior do que os demais organismos submetidos à privação.

Ao estudar diferenças significativas entre grupos de obesos e não obesos, Wooley *et al.* (1979) apontaram para uma provável diferença relevante entre tais grupos: a palatabilidade. Outras supostas diferenças seriam: a tendência do organismo privado a aumentar, por meio de mudanças internas, sua capacidade de estoque alimentar em gorduras; a relação entre os tipos de alimentos ingeridos por cada população de obesos e não obesos (proteínas, carboidratos); a influência do estado de fome na perda de peso e a possível influência da atividade física. Diferença pouco compreendida entre os grupos refere-se ao que indicaram como uma redução substancial de salivação dos obesos – e não dos indivíduos magros –, quando em condições de privação e ausência de disponibilidade ambiental alimentar. Entretanto, a análise dos dados desses autores não foi adiante a respeito deste tópico e atribuiu essas diferenças a indícios de respostas metabólicas.

DA PSICOLOGIA
CONTEMPORÂNEA

A quantidade de abordagens referentes ao comportamento alimentar na perspectiva analítico-comportamental era tão grande que alguns autores da área buscaram a revisão e a síntese desses procedimentos. Outros o fizeram indiretamente, mostrando o *estado da arte* do tema em questão, ao explicitar a atuação da terapia comportamental, e apresentando as limitações e lacunas empíricas.

Exemplos significativos estão em Kerbauy (1988), Anderson, Shapiro, Lundgren (2001), Ades e Kerbauy (2002). Os estudos trazem a síntese de técnicas e procedimentos sobre terapia comportamental aplicada à obesidade, por meio da revisão de procedimentos indicados na literatura.

Kerbauy (1988) dividiu a intervenção clínica em alguns procedimentos que envolvem controle de estímulo, automonitoria, procedimentos aversivos, liberação de contingências após emissão de comportamento, nutrição e exercícios, técnicas de reestruturação cognitiva e técnicas de apoio familiar ou do grupo social. Segundo a autora, os procedimentos envolvendo controle de estímulos abrangeriam, em geral, o controle da disponibilidade de alimentos, a definição de locais para alimentação, a restrição do número de refeições e o treino de habilidades sociais para aumentar o repertório de recusa e ingestão alimentares. Procedimentos de automonitoria consistiriam em auto-observação, pelo registro do comportamento e do ambiente imediato em situações alimentares. Consistiriam ainda no registro pormenorizado de pensamentos e sentimentos, local, antecedentes e consequentes do comportamento, horário da alimentação e pessoas envolvidas.

Procedimentos aversivos eram produzidos pelo pareamento de estimulação aversiva (choques, odores ou interrupções da respiração) a alimentos agradáveis, com resultados questionáveis, segundo a autora em sua revisão. Além disso, eram compreendidos pelo emprego de imagens como na sensibilização encoberta, apresentando resultados mais consistentes, apesar do não seguimento das pesquisas.

O procedimento de liberação de contingências após emissão do comportamento consistiria na liberação de recompensas ou de estímulos aversivos pelo próprio sujeito, conforme seu desempenho. Outro recurso apontado pela pesquisadora são os contratos de contingências – procedimentos individuais ou grupais cujas contingências estariam dispostas e especificadas em formas de contrato –, direcionados à perda de peso ou a mudanças de hábito. A autora apontou ainda os procedimentos de nutrição e de exercício (este último de autocontrole à parte), as técnicas de reestruturação cognitiva (mudanças nos padrões de pensamentos relacionados ao assunto) e as técnicas de apoio familiar e do grupo social (que buscam a interação e influência do ambiente familiar na perda e no controle do peso).

Anderson, Shapiro e Lundgren (2001) assim categorizaram as técnicas e os procedimentos comportamentais e cognitivos envolvidos na problemática da obesidade: análise funcional, automonitoramento, controle de estímulos, manejo de contingências, técnicas cognitivas, intervenções nutricionais e intervenções de atividade física. Os autores indicaram a necessidade de análise funcional para determinar o tipo de tratamento, dada a diversidade etiológica desse estado clínico, e relataram a importância e utilidade do automonitoramento para prover *feedback* aos usuários.

Como técnicas de controle de estímulos, atentaram

especificamente para a necessidade de não se fazer outra atividade concomitante à alimentar; comer num local determinado para a alimentação; seguir um esquema alimentar pré-determinado; fazer compras com uma lista pré-determinada; comprar alimentos que requerem preparo; remover vasilhames de alimentos da mesa; servir e comer cada porção de uma vez; manter alimentos-problema (propensos à engorda) distantes; controlar o comportamento de comer – não se alimentar de toda a comida do prato –; e descansar os talheres nos intervalos de mastigação.

Como técnicas de manejo de contingências, os autores recorreram a análises da literatura que sugerem a maior eficácia em procedimentos específicos para a manutenção no longo prazo. Sugeriram, por exemplo, que reforços associados à mudança de hábito como resultados-alvo eram mais eficazes do que os dispostos pela perda de peso; sistemas de recompensa em função de resultados, providos pelo próprio sujeito, eram mais eficazes do que os de punição que o sujeito pudesse prover de acordo com o resultado alcançado; e que o reforçamento disposto pelo próprio sujeito era mais efetivo do que o provido por outros.

Por técnicas cognitivas, Anderson *et al.* (2001) consideraram as técnicas usadas para mudança de "ideias distorcidas sobre perda de peso" e enfatizaram benefícios nesse procedimento. Abordaram ainda intervenções nutricionais, sugerindo dietas de restrição calórica brandas, de baixo teor de gordura, e ressaltando a importância dos exercícios para saúde (p. 137).

Em artigo de revisão mais atual, Ades e Kerbauy (2002) reafirmam o caráter multifacetado do assunto. Salientam a importância da atividade física e da dieta, a tendência à descoberta de novas drogas, a utilização de novos procedimentos médicos – como a cirurgia bariátrica – e o desenvolvimento de novas tecnologias ainda em estudo na medicina – como o *IGSS (Implantable Gastric Stimulation System)*. Atentam para a grande eficácia de alguns procedimentos comportamentais na perda de peso e para a menor eficácia de outros. Ressaltam, ainda, a dificuldade geral de manutenção dos resultados no longo prazo com o uso de procedimentos bem-sucedidos de perda de peso no curto prazo.

Além disso, enfatizam a existência de áreas de pesquisas muito pouco exploradas:

> [...] o ponto básico para as pesquisas é [...] descobrir as diferenças individuais no valor reforçador do alimento e verificar o seu papel na manutenção de comportamentos alimentares novos. Será que existem regras sobre alimentação que quando aprendidas dificilmente entram em desuso? (p. 211)

Ades e Kerbauy (2002) enfocam aspectos da intervenção, sugerindo a necessidade de análise individualizada, contextual e funcional:

> [...] é preciso descrever contingências conflitantes, que atuam em comportamentos complexos como neste caso. [...] De fato, consideramos o comportamento alimentar como que transformado e com funções diferentes em casos de excesso de peso. (p. 199)

Pela análise dos procedimentos apresentados e diante das considerações teóricas citadas, sugere-se também o estudo do comportamento alimentar e da obesidade pela via de novos paradigmas de pesquisa; alguns deles estudam o comportamento complexo e o emergente, bem como a influência contextual e funcional entre estímulos. Dentre esses, ressalta-se o paradigma da equivalência de estímulos (Sidman; Tailby, 1982), que se mostra promissor e importante à compreensão do comportamento emergente.

Atualmente, há o interesse por parte de alguns pesquisadores em investigar variáveis do comportamento verbal relacionadas ao contexto alimentar; esse paradigma parece providenciar uma forma de fazê-lo (Cardoso; Viana, 2006). Para uma noção básica, o paradigma da equivalência de estímulos pode ser efetuado por meio de procedimentos de escolha, de acordo com o modelo *matching-to-sample*, em que se apresentam estímulos verbais como modelo[12], por exemplo – A1, A2, A3 – e, em seguida, estímulos comparativos para escolha – B1, B2, B3. Assegura-se o treino exaustivo das relações A1–B1, A2–B2 e A3–B3. Na sequência, uma segunda etapa de treino é realizada, desta vez apresentando como estímulos modelos – B1, B2 e B3 – e como comparação novos estímulos verbais – C1, C2 e C3. Assegura-se também o treino exaustivo das relações B1–C1, B2–C2 e B3–C3. Após a execução dessas duas etapas de treino prévio, testes consecutivos indicam a emergência de novas categorias e relações entre os estímulos, que não foram anteriormente treinadas.

Sidman e Talby (1982), recorrendo a pesquisas

---

12 O estímulo verbal e os estímulos comparativos podem ser textuais, vocais, visuais ou de qualquer natureza, em função dos objetivos de cada experimento.

anteriores, observaram didaticamente três novas possíveis relações a serem observadas: reflexividade, simetria e transitividade. Reflexividade consistiria no aparecimento da relação *A – A* (por exemplo, diante de *A*, resposta *A*). Simetria consistiria na relação *AB – BA* (exemplo, se *A* está para *B*, então *B* está para *A*). Transitividade consistiria na relação *A – C* (se *A* está para *B*, se *B* está *para C*, então *A* está para *C*). Mediante o aparecimento dessas três relações, seria possível nomear estímulos de classes *A* e *C* como equivalentes.

O aspecto promissor do paradigma da equivalência de estímulos fica evidente ao destacar a quantidade de novas combinações sem treino prévio, aparentemente sem reforçamento, ou de relações emergentes, que podem se formar entre estímulos a todo momento e em condições naturais. Para ilustrar esta assertiva, considere a presença de um grupo de estímulos, nomeados por *A*, *B* e *C*, e de todas as relações que podem ser previamente treinadas entre eles, por meio de combinação (discriminação condicional) seguida de reforçamento diferencial. Como apontaram Tierney e Bracken (1997), o número de combinações possíveis entre os três membros de uma classe é nove[13]. As combinações resultam em: *A-A*, *A-B*, *A-C*, *B-A*, *B-B*, *B-C*, *C-A*, *C-B* e *C-C*.

Os autores observaram que, considerando que as relações previamente treinadas são duas (por exemplo, *A* com *B* e *B* com *C*), sete são as relações emergentes (novas) que podem surgir sem a necessidade de treino prévio. Assim, o número

---

13 Esta soma é encontrada combinando-se os estímulos *A*, *B* e *C* entre si, formando um total de nove combinações, ou elevando-se três ao quadrado.

de relações novas que aparecem é superior ao número de relações treinadas.

Para efeito ilustrativo, se acrescidos apenas dois novos estímulos (*D* e *F*) a essa classe de três membros (isto é, a anteriormente formada pelos estímulos *A*, *B* e *C*), e se treinadas quatro combinações entre eles (*AB, BC, CD* e *DE*), formam-se quatro relações treinadas. A soma de combinações possíveis entre os estímulos passa a ser 25 (*AA, AB, AC, AD* e *AE*; *BA, BB, BC, BD* e *BE*; *CA, CB, CC, CD* e *CE*; *DA, DB, DC, DD* e *DE*; e *EA, EB, EC, ED* e *EE*). Se subtraídas do total as quatro relações previamente treinadas, o número de relações novas ou emergentes, a ocorrer entre tais estímulos, é 21. Esse exemplo indica, portanto, que apenas dois novos membros acrescidos a uma classe de estímulos de três membros permitem a formação de outras catorze relações emergentes (não treinadas).

Quanto ao contexto alimentar, têm sido verificadas a ocorrência e a emergência de novas categorias comportamentais, envolvendo estímulos visuais de alimentos (como termos A1, A2, A3) e adjetivos indicativos de alta e baixa palatabilidade (C1, C2 e C3) (Cardoso, 2006; Viana, 2006). De acordo com os resultados encontrados por Viana (2006), o desempenho dos grupos de obesos e magros, submetidos ao mesmo procedimento, mostrou-se inicialmente semelhante. No entanto, uma diferença de desempenho foi curiosamente encontrada apenas na etapa de treino dos procedimentos de escolha de acordo com o modelo. Tal diferença pode ou não ser relevante à compreensão de variáveis associadas ao comportamento alimentar e se encontra ainda em fase de investigação.

Referências

American Psychiatric Association. *Manual Diagnóstico e Estatístico de Transtornos Mentais DSM IV* – Códigos do CID-10 incluídos. 4. ed. Porto Alegre: Artmed, 1994. 1 CD-ROM.

ADES, L.; KERBAUY, R. R. Obesidade: realidade e indagações. *Psicologia USP*, v. 13, n. 1. São Paulo, p. 197-216, 2002.

ANDERSON, D. A.; SHAPIRO, J. R.; LUNDGRE, D. L. The behavioral treatment of obesity. *The Behavior Analyst Today*, v. 2, n. 2, p. 133-140, 2001.

ARAGONA, J.; CASSADY, J.; DRABMAN, R. S. Treating overweight children through parental training and contingency contracting. *Journal of Applied Behavior Analysis*, v. 8, n. 3, p. 269-278, 1975.

BOYLE, P. C.; STORLEIN, L. H.; KEESEY, R. E. Increased efficiency of food utilization following weight loss. *Physiol Behav.*, v. 21, n. 2, p. 261–264, 1978.

BROWNELL, K. D.; O'NEIL, P. M. Obesidade. In: BARLOW, D. H. (org.) *Manual Clínico dos Transtornos Psicológicos*. 2. ed. Porto Alegre: Artmed, 1999. p. 335-403.

CARDOSO, J. B. Escolha de acordo com o modelo: um estudo sobre a relação emergente entre estímulos arbitrários em indivíduos de diferentes condições de peso corpóreo. (Orientação de mestrado em andamento). In: *Programa de Psicologia Experimental: análise do Comportamento*, PUC, São Paulo. 2006.

CAVALCANTE, S. N.; TOURINHO, E. Z. Classificação e diagnóstico na clínica: possibilidades de um modelo analítico comportamental. Psicologia: teoria e pesquisa, Brasília, v. 14, n. 2. p. 139-147, 1998.

DEPARTMENT OF HEALTH AND HUMAN SERVICES. *Overweight and Obesity*. Disponível em: <http://www.cdc.gov/nccdphp/dnpa/obesity/> Acesso em: 30 ago. 2004.

EPSTEIN, L. H.; PARKER, L.; MCCOY, J. F.; MCGEE, G. Descriptive analysis of eating regulation in obese and nonobese children. *Journal of Applied Behavior Analysis*, v. 9, n. 4, p. 407-415, 1976.

KERBAUY, R. R. Obesidade. In: LETTNER, H. W.; RANGÉ, B. P. *Manual de Psicoterapia Comportamental*. São Paulo: Manole, 1987. p. 215-223.

KERWIN, M. E.; AHEARN, W. H.; EICHER, P. S.; BURD, D. M. The costs of eating: a behavioral economic analysis of food refusal. *Journal of Applied Behavior Analysis*, v. 28, n. 3, p. 245-260, 1995.

KLESGES, R. C.; COATES, T. J.; BROWN, G.; STURGEON-TILLISCH, J.; MOLDENHAUER-KLESGES, L. M; HOLZER, B.; WOOFREY, J.; VOLLMER, J. Parental influences on children's eating behavior relative weight. *Journal of Applied Behavior Analysis.*, v. 16, n. 4, p. 371-378, 1983.

LENNOX, D. B.; MILTENBERGER, R. G.; DONNELLY, D. R. Response interruption and DRL for the reduction of rapid eating. *Journal of Applied Behavior Analysis*, v. 20, n. 3, p. 279-284, 1987.

LORO Jr., A. D.; FISHER Jr., E. B.; LEVENDRON, J. C. Comparison of established and innovative weight-reduction treatment procedures. *Journal of Applied Behavior Analysis*, v. 12, n. 1, p. 141-155, 1979.

MCKENZIE, T. L.; SALLIS, J. F.; NADER, P. R.; PATTERSON, T. L.; ELDER, J. P.; BERRY, C. C.; RUPP, J. W.; ATKINS, C. J.; BUONO, M. J.; NELSON, J. A. Beaches: an observational system for assessing children's eating and physical activity behaviors and associated events. *Journal of Applied Behavior Analysis*, v. 24, n. 1, p. 141-151, 1991.

MADSEN JR., C. H.; MADSEN, C. K.; THOMPSON, F. Increasing rural head start children's consumption of middle-class meals. *Journal of Applied Behavior Analysis*, v. 7, n. 2, p. 257-262, 1974.

MAGRAB, P. R.; PAPADOPOULOU, Z. L. The effect of a token economy on dietary compliance for children on hemodialysis. *Journal of Applied Behavior Analysis*, v. 10, n. 4, p. 573-578, 1977.

MANCINI, M. Métodos de avaliação de obesidade e alguns dados epidemiológicos. *ABESO:* Órgão Informativo da Associação Brasileira para o Estudo da Obesidade, São Paulo, ano III, n. 11. p. 8-13, 2002.

MAYER, J. A.; HEINS, J. M.; VOGEL, J. M.; MORRISON, D. C.; LANKESTER, L. D.; JACOBS, A. L. Promoting low-fat entree choices in a public cafeteria. *Journal of Applied Behavior Analysis*, v. 19, n. 4, p. 397-402, 1986.

Michaelis. *Moderno dicionário da língua portuguesa.* 109. ed. São Paulo: Companhia Melhoramentos, 1998.

RIORDAN, M. M.; IWATA, B. A.; FINNEY, J. W.; WOHL, M. K.; STANLEY, A. E. Behavioral assessment and treatment of chronic food refusal in handicapped children. *Journal of Applied Behavior Analysis*, v. 17, n. 2, p. 327-341, 1984.

SIDMAN, M.; TAILBY, W. Conditional discrimination Vs. Matching to sample: an expansion of the testing paradigm. *Journal of the Experimental Analysis of Behavior*, v. 37, n. 1, p. 5-22, 1982.

STOCK, L. Z.; MILAN, M. A. Improving dietary practices of elderly individuals: the power of prompting, *feedback*, and social reinforcement. *Journal of Applied Behavior Analysis*, v. 26, n. 3, p. 379-387, 1993.

TIERNEY, K. J.; BRACKEN, M. Stimulus equivalence and behavior therapy. In: O´DONUE, W. (ed.). *Learning and Behavior Therapy*. Bergen: Allyn and Bacon, 1997. p. 392-402.

VIANA, R. C. *Relações emergentes e comportamento alimentar:* uma investigação pelo método de escolha de acordo com o modelo. Dissertação de mestrado. PUC-SP, 2006, p. 173.

WAGNER, J. L.; WINETT, R. A. Prompting one low-fat, high-fiber selection in a fast-food restaurant. *Journal of Applied Behavior Analysis*, v. 21, n. 2, p. 179-185, 1988.

WERLE, M. A.; MURPHY, T. B.; BUDD, K. S. "Treating chronic food refusal in young children: home-based parent training".In: *Journal of Applied Behavior Analysis*, v. 26, n. 4, p. 421-433, 1993.

WINETT, R. A.; KRAMER, K. D.; WALKER, W. B.; MALONE, S. W.; LANE, M. K. Modifying food purchases in supermarkets with modeling, feedback, and goal-setting procedures. *Journal of Applied Behavior Analysis*, v. 21, n. 1, p. 73-80, 1988.

WRIGHT, C. S.; VOLLMER, T. R. Evaluation of a treatment package to reduce rapid eating. *Journal of Applied Behavior Analysis*, v. 35, n. 1, p. 89-93, 2002.

WOOLEY, S. C.; WOOLEY, O. W.; DYRENFORTH, S. R. Theoretical, practical, and social issues in behavioral treatments of obesity. *Journal of Applied Behavior Analysis*, v. 12, n. 1, p. 3-25, 1979.

5

A PRÁTICA DE *MINDFULNESS* NA PSICOTERAPIA ANALÍTICO-FUNCIONAL EM GRUPO PARA DOR CRÔNICA

Cristina Lemes Barbosa Ferro[1]
Luc Vandenberghe[2]

A dor não é uma experiência apenas sensorial; contém aspectos emocionais, cognitivos e interpessoais. É resultado de uma interação entre informações ascendentes (do sistema nervoso periférico para o central) e descendentes (do sistema nervoso central para o periférico), um jogo em que participam respostas emocionais e cognitivas ao estresse e à vida em geral (Melzack 1982; 1993). O sistema nervoso aferente leva uma diversidade de sinais ao cérebro a partir de receptores morfologicamente diferenciados que respondem ao calor, ao frio, à pressão e também a mudanças químicas endógenas. A maneira pela qual os sinais serão decodificados não depende só da informação ascendente, mas de padrões

---

1 Consultório particular – Palmas, TO. E-mail: crislbf@hotmail.com
2 Universidade Católica de Goiás – UCG.
E-mail: luc.m.vandenberghe@gmail.com

de ativação no sistema nervoso central. Quando são decodificados como alertas de um dano real ou potencial, estratégias para restabelecer a integridade do organismo serão ativadas – processo que envolve cascatas de respostas, das quais a sensação de dor faz parte (Melzak, 1998).

Há interação entre a atividade neural ascendendo (entrada de informação sensorial) e descendendo (comandos para a inibição, ampliação ou modificação da entrada). Comandos do sistema nervoso central modificam a intensidade dos sinais aferentes e redefinem as suas qualidades. Por esse motivo, aspectos cognitivos e emocionais são importantes na compreensão pelo clínico dos comportamentos relacionados à vivência da dor. Fatores como percepção, atenção ou afeto têm papéis importantes nessas interações.

Para a dor aguda existe uma causa bem-definida, ou seja, uma lesão. As informações sensoriais tendem a ser coerentes em intensidade e localização com um dano objetivo. Porém, o componente tônico pode persistir mesmo após a cura da lesão. Impulsos anormais de pequena magnitude podem chegar a produzir uma atividade neural autossustentada. Esses impulsos teriam que ser inibidos pelas atividades somática, visceral e autonômica, como também por padrões de ativação cognitivos ou emocionais, que modulam mecanismos inibitórios descendentes (Melzack, 1982). Quando a dor se torna crônica, deixa de ter a função de alerta e passa a ser a própria lesão.

A percepção que a pessoa tem das suas sensações e dos seus sentimentos influencia em como ela lida com sua problemática. Sinais corporais de diversos tipos podem ser interpretados erroneamente. O medo das sensações corporais pode levar a interpretações exageradas de possíveis danos, e a atenção que a pessoa dá à sensação pode aumentar a experiência da dor. A tensão alta e prolongada nos músculos aos quais os sinais desagradáveis se referem pode produzir condições fisiológicas que perpetuam a dor. Enquanto a dor começa a absorver cada vez mais recursos cognitivos e interpessoais, a pessoa começa a se relacionar com o mundo a partir da dor. A comunidade verbal muitas vezes reforça tais padrões, quando amigos, colegas ou familiares aceitam comportamentos de esquiva (isolamento, agressividade etc), que são justificados pela dor, ou permitem que os comportamentos relacionados à dor tragam ao paciente vantagens suficientes, no curto prazo, para mantê-lo como operante, a custo de perda, no longo prazo, de atividades repletas de sentido.

Posturas corporais rígidas, tensão muscular permanentemente alta e esquiva de atividade física contribuem para a piora das sensações de dor. No ambiente familiar ou em outros, tais *comportamentos de dor* (Fordyce, 1976) são reforçados com a melhor das intenções. Além disso, há perda de autonomia, de *status* e de sentido em diferentes áreas da vida. Em muitos casos, o acúmulo de estresse e conflitos interpessoais decorrentes desse padrão de relacionar-se com os outros também contribuem para que o limiar para a percepção da dor fique muito baixo.

O relacionamento terapêutico como instrumento de intervenção

A leitura da dor crônica descrita anteriormente justifica a importância de trabalhar com variáveis psicológicas.

DA PSICOLOGIA
CONTEMPORÂNEA

Em publicações anteriores, foi discutida a diferença entre a abordagem psicoeducativa (que domina o trabalho de grupos para dor crônica, tanto nas abordagens cognitivo-comportamentais quanto na análise aplicada do comportamento) e a procura por uma abordagem psicoterápica curativa através da vivência interpessoal durante a sessão (Vandenberghe; Cruz; Ferro, 2003; Vandenberghe, 2004). O grupo psicoeducativo, geralmente, tem um formato programado em módulos organizados em volta de habilidades de *coping* a serem aprendidos. Usam-se, comumente, técnicas didáticas (como modelação e modelagem – com *feedback* corretivo e reforçamento na forma de aprovação de melhoras) para ensinar habilidades específicas (Vandenberghe, 2005). Em contraste, o grupo de psicoterapia analítico-funcional abstém-se do reforçamento social planejado, privilegiando o fluxo de interações que ocorre naturalmente na teia de relacionamentos interpessoais formados durante as sessões.

Em três outros trabalhos (Vandenberghe, 2004; Vandenberghe; Ferro; Cruz, 2003; Vandenberghe; Ferro 2005), esses autores abordaram com mais profundidade o papel terapêutico do relacionamento, que se desenvolve em cada participante, e do terapeuta na psicoterapia de grupo para dor crônica. Foi descrito como o contato direto com sentimentos e sensações no seu contexto interpessoal providencia oportunidades de aprendizagem ao vivo. A psicoterapia analítico-funcional (FAP), desenvolvida originalmente como abordagem de terapia individual (Kohlenberg; Tsai, 1991; 2001) e centrada no relacionamento cliente-terapeuta, funcionou como modelo para a elaboração dessa forma de trabalhar com grupos.

O ponto central é que para se tornar realmente curativo, um episódio interpessoal no grupo deve ser diretamente relevante para os problemas do participante. A situação em que a oportunidade de aprendizagem ocorre deve ser funcionalmente similar às situações nas quais o participante normalmente vivencia seus problemas. As possibilidades de agir do participante durante a sessão devem ser comparáveis às opções de ação que estão ao seu alcance nessas situações da vida fora do grupo. Finalmente, os tipos de consequências que esses comportamentos geram no âmbito do grupo devem ser similares às consequências que tais ações teriam no cotidiano do participante. Assim, a dinâmica funcional da sessão de grupo providencia momentos em que o participante não aprende (como é o caso dos grupos psicoeducacionais) sobre seus problemas e sobre como lidar com eles, mas sim com a vivência real dos problemas, enquanto lida com eles em relação ao terapeuta e aos outros membros do grupo.

Os contextos socioverbais e a psicoterapia da dor crônica

Como a FAP, a Terapia de Aceitação e Compromisso (ACT) é uma abordagem terapêutica que evoluiu a partir de uma releitura contextualista do behaviorismo radical por Hayes (1987) veja também Kohlenberg e colaboradores (2004). Ela tem como foco enfraquecer os contextos socioverbais que mantêm as psicopatologias mais comuns.

No *contexto de literalidade,* o cliente vivencia o que diz e pensa como se fosse uma verdade objetiva, negligenciando que opiniões e observações sempre são distorcidas e que, portanto, nunca podem representar fielmente o mundo real. A partir dessa vivência, emergem emoções e comportamentos relacionados ao sentido literal dos pensamentos e das regras em questão. Muitas vezes, assumir literalmente suas visões da vida ou de situações específicas (que são expressas em pensamentos não literalmente verdadeiros como "sou um fracasso", "minha mãe estragou minha vida" ou "eu não mereço tal ou tal coisa") contribui para grande parte dos problemas. No *contexto de avaliação*, a pessoa categoriza suas vivências privadas em boas ou más, como ela aprendeu a fazer com eventos externos, e passa a reagir aos seus pensamentos, sentimentos e às suas sensações de acordo com essas avaliações. Quando tomadas literalmente, tais avaliações podem, por sua vez, fornecer razões lógicas para não resolver problemas ou não enfrentar o mundo concreto.

No *contexto de dar razões*, explicações e justificativas verbais fornecidas pelos clientes para comportamentos prejudiciais para si mesmos são acolhidas como motivos válidos para continuar e para mantê-los. Já que emoções e pensamentos são assumidos como causas do comportamento, o que a pessoa pensa ou sente pode se transformar num conjunto de boas justificativas para o comportamento. Assim, a pessoa passa a agir em função de explicações socialmente aceitas. No *contexto de controle*, o indivíduo tenta controlar seus eventos privados, acreditando que está lidando com o foco do problema. Quando acredita que suas vivências subjetivas, seus pensamentos ou seus sentimentos são as razões dos seus problemas, ele se sente obrigado a controlar as razões e não investe esforços em resolver os problemas. Tentativas de autocontrole contraprodutivas geram alienação, e as oportunidades concretas do momento passam despercebidas.

Na ACT, o terapeuta utiliza metáforas para quebrar os contextos socioverbais, dos quais os comportamentos dos clientes derivam sua função. Cria-se um diálogo entre terapeuta e cliente, que difere do que é habitual na vida do cliente. A princípio, tudo o que já foi feito em função da melhora (controle) é valorizado como tentativa para solucionar o problema. Mas, em seguida, o terapeuta mostra que dentro do contexto de controle em que o cliente funciona não há mais nada a ser feito. O indivíduo entra em contato com o sentimento de desesperança, o que pode motivá-lo a abandonar os pressupostos mais fundamentais que tinha sobre sua problemática.

A terapia busca levar ao abandono a rede de explicações que os clientes têm para seus comportamentos, expondo-os a contingências verbais diferentes. O uso de intenções diretas no próprio relacionamento terapeuta-cliente, mesmo sendo seu conteúdo racionalmente correto, poderia reforçar o uso da literalidade. Enquanto sugestões coerentes e reestruturação de conteúdos cognitivos específicos podem tornar o comportamento de um cliente mais adequado, as mesmas intervenções apoiam-se, literalmente, na confiança das falas do terapeuta. Para sair desse contexto, é preciso experimentar algo radicalmente diferente. Exercícios vivenciais, metáforas e paradoxos são bons instrumentos na quebra do controle literal das palavras.

Enfraquecer o controle exercido pelas regras e, com isso, a esquiva da vivência plena ajudaria o cliente a entrar em contato com as importantes contingências do seu cotidiano e

DA PSICOLOGIA
CONTEMPORÂNEA

a aumentar sua capacidade de lidar com elas (Hayes, 1987). Para tanto, um dos objetivos é que o cliente perceba que a dinâmica das estratégias, as quais vem trabalhando para solucionar os problemas, não faz sentido, já que problemáticos não são os conteúdos, mas os contextos socioverbais em que são compreendidos. Para mudar esses contextos, o indivíduo precisa emitir comportamentos que não se encaixam na dinâmica anterior. Esse exercício lhe cria possibilidades de analisar seus problemas de forma diferente.

A partir daí, o cliente pode colocar fim à tentativa de controlar os eventos privados, já que é uma estratégia fadada ao fracasso. Promove-se o distanciamento compreensivo – aprendendo a separar o que faz, pensa ou sente de si mesmo – para que os conteúdos, que o cliente não confunde mais consigo mesmo, pareçam menos ameaçadores. Isso permite o abandono da luta e a vivência dos eventos privados dos quais a pessoa se esquivava, facilitando-lhe assumir o comprometimento com a ação, direcionada não mais por motivos de esquiva ou controle, mas pelos seus valores reais.

Mindfulness

Baseado na filosofia oriental, Kabat-Zinn introduziu o conceito de *mindfulness* – adotado por vários teóricos contemporâneos das terapias comportamentais e cognitivas. O trabalho seminal do autor esteve voltado para o tratamento da dor crônica. Ele promove o processamento intencional e específico dos eventos como eles se apresentam, sem fazer julgamentos, para o melhor esclarecimento da vivência momento a momento. Foi mostrado que a redução do estresse, promovida pelo treino de *mindfulness*, reduziu substancialmente a dor nos participantes (Kabat-Zinn, 1982).

Nossa intenção com a inclusão de *mindfulness* no trabalho de grupo, porém, não se restringe à aplicação de uma intervenção empiricamente sustentada para um transtorno específico (dor crônica). A escolha foi motivada para oferecer uma vivência que pode abrir uma janela diferente sobre os contextos socioverbais, que encontram seus significados no relacionamento terapêutico.

O aproveitamento de exercícios de *mindfulness* em outros contextos clínicos mostra que não se limitam à redução do estresse, mas à promoção de uma outra visão sobre as experiências da vida. Diferentes teorias foram desenvolvidas para entender tal processo. O modelo cognitivo de Teasdale (1999) propõe que as informações sensoriais, como entradas no sistema neural central, ativam uma rede de esquemas (sistema implicacional). Trata-se de um conjunto de programas já existentes que processam as entradas sensoriais. Esses esquemas dão sentido às informações, gerando atribuições e interpretações do momento vivido (pensamentos automáticos), na forma de proposições concretas (sistema proposicional). O engenho central da cognição é então a interação dos dois sistemas. Teasdale supõe que grande parte das recaídas de depressão, depois de uma terapia cognitiva bem-sucedida, devem-se à manutenção de uma forma de funcionamento depressivo desse engenho. Quando o sistema implicacional funciona no modo direto (as implicações imediatas são processadas sem relação com o sentido holístico da situação, nem com dimensões mais profundas da vida) e o sistema proposicional funciona em modo *buffer* (em que as informações são recebidas e compactadas em conjuntos de elaborações racionais), os esquemas depressivos preexistentes têm um jogo livre, já que sentidos mais amplos e valores mais gerais não entram na determinação das implicações das informações, e a pessoa dedica-se na elaboração de raciocínios (pensamentos) negativos.

O autor adotou o treino de *mindfulness* como prevenção de recaída de depressão. Por meio desses exercícios, o participante aprende a manter o sistema proposicional no modo direto, ou seja, fazendo uma leitura direta (não elaborada) da vivência, e o sistema implicacional em modo *buffer*, ou seja, juntando implicações da vivência e de suas relações com valores profundos em conjuntos que situam a informação em sentidos mais abrangentes. Assim recebe informações do meio, compactá-las sem inferência, isto é sem leitura interpretativa do evento a partir das crenças. Porém, as implicações das informações sensoriais são vivenciadas em relação a sentidos (implicações) mais amplos enquanto não há elaboração ruminativa (proposições) dos conteúdos. Nesse modo de funcionamento cognitivo, a pessoa pode vivenciar momentos de tristeza, ou ter pensamentos negativos, e apreciar o que eles significam em relação ao seu contexto de vida, sem que isso a leve a cascatas de respostas depressivas que poderiam inaugurar uma recaída.

Linehan (1993) vê no *mindfulness* um modo de agir intuitivo, ancorado no contato pleno com a realidade, sem abandonar os extremos (razão e emoção). A pessoa passa a ser capaz de vivenciar plenamente sentimentos aversivos, em vez de fugir ou de se esquivar deles. Estabelecendo uma relação mais amistosa com seus sentimentos, ela consegue identificar os antecedentes relacionados às emoções e alterar a sua realidade. Isso gera autoconhecimento e possibilita esforços estratégicos para lidar consigo mesmo. Com exercícios de *mindfulness* é possível desenvolver habilidades de observar conscientemente os eventos internos e externos, sem julgar ou racionalizar, de descrever o que observou e de participar plena e intuitivamente, consciente de situações e eventos, sem deixar que razões lógicas ou impulsos emocionais atrapalhem a experiência.

Os processos socioverbais normativos descritos na discussão sobre a ACT reduzem a atenção dada ao momento presente e à disposição de aceitar aspectos desagradáveis da vivência. A pessoa aprende cedo que construções verbais acerca das vivências possibilitam a resolução de problemas. Assim, produzir, em vez de indesejáveis, realidades desejáveis e evitar a dor psicológica é uma das funções normais da própria linguagem. A pessoa, muitas vezes, chega a reagir mais às suas regras, previsões e avaliações de eventos (às suas próprias construções verbais acerca dos eventos da sua vida) do que aos eventos reais, e confunde os primeiros com os segundos. Segundo Hayes (2004), a pessoa aprende no treino de *mindfulness* a se diferenciar das suas próprias produções verbais. Assim, pode criar um contexto de aprendizagem que facilita a aceitação da vivência em si, sem elaborações defensivas e alienadoras.

É comum observar no relato de clientes com dor crônica verbalizações catastróficas, que justificam uma postura diante da vida bastante problemática. A ACT (Hayes, 2004) e a FAP (Kohlenberg; Tsai, 1994) consideram que uma abordagem argumentativa dos conteúdos irracionais estimula os clientes a tomar pensamentos e avaliações literalmente, e a tentar controlar seus pensamentos e emoções. Procura-se, por meio das oportunidades de aprendizagem ao vivo, do trabalho viabilizado pelo relacionamento terapêutico e de exercícios de *mindfulness*, construir maneiras de enfraquecer o efeito dos contextos socioverbais patogênicos. Enfraquecer a tomada literal das distorções cognitivas e o seu julgamento desnecessário é uma alternativa à abordagem argumentativa das terapias cognitivo-comportamentais tradicionais, e permite ao cliente se distanciar dos conteúdos catastróficos sem ter de lutar contra eles.

Neste trabalho será relatada uma experiência com exercícios de *mindfulness* introduzidos no contexto de uma terapia de grupo. O modelo teórico é baseado em dois tipos de terapia comportamental da terceira geração: a ACT e a FAP.

Método

Participantes

Colaborou com este trabalho um grupo composto de três mulheres, que tiveram em comum a experiência de vivenciar a dor com uma frequência diária. Segue uma breve descrição dos componentes do grupo:

A   Tinha 37 anos, era casada e tinha três filhos. Foi professora e cabeleireira, mas desistiu das atividades profissionais e buscava um diagnóstico que pudesse ajudá-la a conseguir os benefícios da aposentadoria. Nenhum profissional de saúde forneceu um laudo claro. Relatava sentir dor diariamente numa intensidade que a impedia de realizar atividades domésticas e o cuidado com as crianças. As dores eram localizadas no corpo todo, principalmente no antebraço e na mão direita. Segundo ela, o marido era amoroso e compreensivo; as filhas, apesar da pouca idade, revezavam-se no cuidado com a casa e com a mãe. Na sessão, apresentou um discurso catastrófico acerca da dor e das situações de vida, e emitiu opiniões preconceituosas acerca do fato de pertencer à raça negra. Reclamou da sua situação financeira e pediu ajuda à sua paróquia. Dormia pouco e tomava analgésicos por conta própria. Na sessão, ficava com um olhar distante, evitava o contato visual, não dava opiniões, só falava quando estimulada e as respostas eram sempre lamentações, com frequência acompanhadas de choro.

B   Tinha 46 anos e dois filhos. Aposentou-se com 23 anos em consequência de um quadro de espondilite anquilosante. Chegou ao consultório depois de uma peregrinação a vários profissionais de saúde, em busca da cura para a dor que sentia. Relatava estar muito só. Os filhos fugiam dela; só havia diálogo com a mãe, uma senhora doente, e o assunto era sempre relacionado à dor. Além da mãe, os profissionais de saúde eram as pessoas com quem ela se relacionava. Apresentava uma fala catastrófica e teatral acerca dos seus problemas, o que dificultava a interação com a terapeuta. Ela não a ouvia nem o restante do grupo; falava, emocionava-se e chorava. Andava contorcendo-se, parecia não conseguir uma postura ereta.

DA PSICOLOGIA
CONTEMPORÂNEA

C   Tinha 27 anos, era solteira e vivia com o pai e o irmão; perdeu a mãe três anos antes de o grupo iniciar. Trabalhou como costureira. Terminou o segundo grau escolar e há um ano sentia dores frequentes no corpo todo, principalmente nos cotovelos, o que a impediu de desenvolver qualquer esforço físico. Fazia a limpeza da casa com muita dificuldade. Não tinha amigos, vivia uma relação conflituosa com o pai e sentia culpa por acreditar que fazia pouco pela educação do irmão. As poucas vezes que falou na sessão costumava apresentar uma fala resumida e de confronto com as outras pessoas presentes.

Exercícios de *mindfulness* usados no grupo

Os exercícios são modificações adaptadas do programa de redução de estresse de Kabat-Zinn (1990), com exceção dos exercícios 3 e 4, que são inspirados em exercícios típicos da ACT (Hayes; Strossahl, 2005).

Varredura do corpo (body scan) *em movimento*: consiste em escanear o corpo com atenção concentrada. O cliente caminha pela sala concentrando-se nos próprios movimentos; não deve fazer julgamentos sobre os eventos privados que emergem; quando sente incômodo, deve corrigir apenas o que está sob controle voluntário, por exemplo, postura e movimentos.

Ancorar no abdômen: consiste em levar o cliente a desviar a atenção da racionalização e focalizar as sensações; a se ancorar em si por meio da tomada de consciência da respiração e do movimento do abdômen. Quando há distrações, são saudadas amigavelmente.

Contato com o Eu vivencial: promove a vivência do Eu (ou a vivência de si mesmo) como um processo ou um fluxo de experiência. O terapeuta pede ao cliente que imagine estar na beira de um rio, debaixo de uma mangueira. Visualizando a cena, cada pensamento, sentimento ou sensação que surgir deve ser escrito numa folha da árvore que será jogada no rio. O cliente é orientado a não bloquear o fluxo das folhas. O rio continua o mesmo, mas a água sempre muda. Permitindo que as folhas passem sem obstrução pelo rio, a pessoa pode vivenciar seus conteúdos sem distorções defensivas.

Contato com o Eu observador: o cliente é instruído a fechar os olhos e imaginar o ambiente próximo a ele (o terapeuta dá dicas sobre o ambiente). Gradualmente, o terapeuta vai fornecendo dicas do que está próximo ao cliente, como a cadeira onde está sentado. Fala sobre coisas mais próximas, como as sensações da pele em contato com a roupa. Segue para o ambiente interno (tensão muscular, batimentos cardíacos etc), os sentimentos, os pensamentos. Então, chama atenção para a presença do observador ("Note que alguém está observando todos esses sentimentos, pensamentos e sensações"). O terapeuta pede à pessoa que se lembre dos seus papéis sociais, um por um (como filha, mãe, profissional etc). Indica que o "Eu" observado de todos os diferentes papéis não deve ser confundido com estes. O passado é invocado ("Este corpo passou por muitas transformações, mudou em vários aspectos. Já engordou, já emagreceu. Estava muito menor, cresceu, machucou, sarou. Por meio de todas essas transformações, sempre teve alguém observando"). O cliente é instruído a escolher um momento bem marcante em seu passado recente, a voltar até ele e observar o ambiente físico, as pessoas presentes, os seus próprios comportamentos, sentimentos e pensamentos; outra vez, o "Eu observador" é introduzido ("Perceba que tem alguém aqui observando essas lembranças ou se lembrando delas"). Este último item é repetido; desta vez, pede-se ao cliente que escolha um momento marcante da sua juventude. Finalmente, o terapeuta chama atenção para as sensações que o próprio exercício trouxe ("Perceba que você sentiu e pensou algo sobre o exercício, sobre os sentimentos e as sensações que ele evocou em você. Observe que tem alguém observando essas sensações, esses sentimentos e pensamentos"). O cliente deve então voltar para a sala; primeiro, na imaginação, em seguida, abrindo os olhos. O terapeuta pede que o cliente dê sua avaliação do exercício.

Como tarefa de casa, a terapeuta pede que o cliente vivencie plenamente um evento agradável ou desagradável durante a semana, prestando atenção em todos os detalhes das suas reações corporais, cognitivas e emocionais, e que registre a experiência.

Procedimento

A terapeuta pediu às componentes do grupo que relatassem por escrito, em casa, depois de cada sessão, vivências relacionadas à dor e ao seu papel na vida delas. Foi feita uma categorização aberta da produção, segundo os preceitos da Grounded Theory, na sua variante contextualista elaborada por Charmaz (2003). Os conceitos da literatura psicoterápica em relação à dor crônica serviram como conceitos sensibilizadores durante essa leitura analítica do material. Finalmente, as frequências das duas categorias mais as características da dor crônica, encontradas nestas resenhas, foram tabeladas. Como linha de base são representadas as duas primeiras resenhas (A1 e A2), feitas antes da introdução dos exercícios de *mindfulness* no grupo. Como medidas finais (D1 e D2), são representadas as frequências das duas categorias escolhidas nas duas últimas resenhas. Para as clientes B e C, estas foram as resenhas feitas depois das sessões com os exercícios 4 e 5. Para o cliente A, que não voltou depois da sessão com o exercício 3, as duas últimas resenhas entregues foram escritas depois das sessões com os exercícios 1 e 2.

Resultados

As categorias "catastrofização" (a afirmação, sem base alguma, de que as coisas dão errado de qualquer forma) e "dar razões" (o relato de motivos socialmente aceitáveis para poder continuar com comportamentos problemáticos), que emergiram como as mais relevantes na leitura das resenhas das participantes, não ocorreram somente na produção escrita, mas estiveram também muito presentes nas falas nas sessões de grupo.

A participante **A** descreve assim a relação com as filhas: "Sinto culpa por ter ficado incapacitada de cuidar delas. Esta dor tira minha vontade de viver, não consigo fazer mais nada". A forma literal com que a cliente vivencia esses pensamentos a fez parar de trabalhar por julgar-se impotente diante das situações de vida. Na sessão, costuma mencionar que teve que arrumar dinheiro na igreja para pagar a passagem do

DA PSICOLOGIA
CONTEMPORÂNEA

ônibus. A falta de vontade de viver é razão para que ela fique deitada o dia todo, assim como a dor é uma boa justificativa para dedicar seu tempo e seus recursos na busca sucessiva de novos profissionais de saúde para conseguir os benefícios da aposentadoria: "Sei que Deus vai providenciar alguém para identificar o que eu tenho". Atribui suas frustrações à sua raça: "Passei num concurso para agente da dengue e não fui chamada por causa da minha aparência"; "Sofro de um tipo de câncer maligno quase imperceptível, falsamente escondido, chamado preconceito". Ela avalia negativamente a atitude da terapeuta em relação às suas crenças e à sua raça: "Não venha a senhora com hipocrisia me dizer que ser morena tem suas vantagens".

Na produção da participante **B**, dominam lamentações acerca das situações do passado e que servem como razões para não enfrentar as suas dificuldades no presente: "A minha vida é um mar de tristeza, desde que nasci a tristeza me acompanha"; "Fugi do colégio, uma menina implicava comigo. Comecei a pensar que ninguém neste mundo gosta de mim"; "Outra vez não pude ir ao aniversário da minha sobrinha, eu ia chorar lá"; "Eu não suporto a dor e as pessoas não acreditarem que estou sofrendo". Na sessão, ela não aceita uma simples diferença de opiniões e trata a situação de forma catastrófica: "Senti um choque profundo de sentimentos quando **C** pareceu estar contra mim. Pensava que tinha uma amiga".

Foi possível identificar nas resenhas de **C** efeitos dos contextos de avaliação e literalidade que dificultavam suas relações no cotidiano. Ela relata situações em que poderia ter agido a seu favor, mas pensou e disse: "As pessoas não mudam, é perda de tempo e energia lutar contra o óbvio"; "Desisti de acreditar na raça humana, é 1% que se salva, as pessoas te usam e te descartam quando for conveniente". Na sessão terapêutica, a cliente agia como no seu cotidiano, dava respostas breves, não argumentava, não se defendia. Deu razões que serviam como justificativas para sua passividade: "É difícil lidar com este emaranhado de sentimentos que toma conta da minha alma e me faz fraca"; "Prefiro ficar em silêncio ao invés de me sentir ridícula"; "Às vezes, sinto não como se o mundo não fosse para mim, mas como se eu não fosse para o mundo. A melhor coisa a fazer é realmente me isolar, assim não causo mal-estar em ninguém"; "As pessoas não têm capacidade de entender o que sinto".

Descreveu razões para sua agressividade: "Quando fico nervosa, saio atropelando as palavras que nem eu mesma entendo, quem dirá os outros". Ficou irritada com o lamento da colega e justificou o próprio comportamento em função da emoção. O que falou sobre o futuro eram previsões de catástrofes justificadas pela história de vida passada: "Nasci para padecer".

As Tabelas 1, 2 e 3 apresentam, respectivamente, os resultados das três pacientes, antes e depois da intervenção. Os valores expressam a frequência absoluta do número de frases, que caracterizam cada categoria analisada, e a ocorrência da categoria em porcentagem da frequência total de palavras da resenha. Na Tabela 1, A1 e A2 referem-se às resenhas entregues depois das duas primeiras sessões e antes da introdução do treino de *mindfulness*. D1 e D2 referem-se às resenhas feitas depois da sessão em que foi introduzido o exercício 1 e depois da sessão em que foi introduzido o 2, respectivamente. Pôde-se perceber uma tendência geral de diminuição da frequência relativa e da frequência absoluta nas categorias de "catastrofização" e "dar razões".

DA PSICOLOGIA
CONTEMPORÂNEA

Tabela 1. Frequência de respostas da sra. A

Categorias / Resenhas	Frequência	A1	A2	D1	D2
Catastrofização	Frases	3	3	3	1
	% palavras	61	52	44	16
Dar Razões	Frases	2	2	1	1
	% palavras	35	24	9	19
Total de palavras		90	212	126	157

Na Tabela 2, A1 e A2 referem-se às resenhas entregues depois das duas primeiras sessões e antes da introdução do treino de *mindfulness*. D5 e D6 referem-se às resenhas feitas depois da sessão em que foi introduzido o exercício 5 e depois da sessão em que foi introduzido o 6, respectivamente. Pôde-se perceber uma tendência geral de diminuição, mais acentuada que no caso anterior, da frequência relativa e da frequência absoluta nas categorias.

Tabela 2. Frequência de respostas da sra. B

Categorias / Resenhas	Frequência	A1	A2	D5	D6
Catastrofização	Frases	4	4	1	1
	% palavras	37	32	7	11
Dar Razões	Frases	5	2	0	2
	% palavras	44	28	0	20
Total de palavras		117	144	116	157

Na Tabela 3, da mesma forma, A1 e A2 referem-se às resenhas entregues antes da introdução do treino de *mindfulness*. D5 e D6 referem-se às resenhas feitas depois dos exercícios 5 e 6, respectivamente. Neste caso, manteve-se a tendência geral de diminuição da frequência relativa e da frequência absoluta nas categorias.

Tabela 3. Frequência de respostas da sra. C

Categorias / Resenhas	Frequência	A1	A2	D5	D6
Catastrofização	Frases	2	2	1	0
	% palavras	54	32	8	0
Dar Razões	Frases	2	2	1	1
	% palavras	19	7	14	9
Total de palavras		271	188	263	198

Do ponto de vista da FAP, a utilidade dos exercícios de *mindfulness* não se limita ao enfraquecimento do controle verbal. É usado também como meio de intensificar o contato com (e a consciência das) as emoções. Esse contato evoca problemas e dificuldades dos quais os participantes sofrem no seu cotidiano, e que podem ser trabalhados durante a sessão,.

Nesse grupo comportamentos clinicamente relevantes emergiram desde o início dos exercícios. A cliente **C** teve várias dificuldades; por exemplo, não conseguia ficar de olhos fechados. Esse problema estava ligado à dificuldade do cotidiano em confiar nas pessoas. Ela precisava observar o que as participantes e a terapeuta estavam fazendo.

DA PSICOLOGIA
CONTEMPORÂNEA

Os exercícios meditativos propiciaram-lhe oportunidades de aprender a se colocar numa situação de vulnerabilidade (como quando estamos envolvidos numa atividade interior), sem monitorar os outros. Durante os exercícios superou a dificuldade e conseguiu focalizar a atenção nas suas sensações e nos seus pensamentos. Essa evolução facilitou as atividades nas sessões e transformou sua forma de comportar-se no cotidiano. Ela fez escolhas em prol dos seus desejos; por exemplo, começou a interagir abertamente com as pessoas, entrou num curso preparatório para o vestibular e hoje cursa a faculdade. Nas resenhas, diminuiu a categoria de "dar razões", e a de "catastrofizações" desapareceu da sua produção.

A cliente **B** reclamou algumas vezes da dificuldade em manter-se concentrada no presente. Enfrentar esse desafio foi muito produtivo, pois ficou claro para ela o quanto vivenciar o passado pode ser alienante. A superação dessa dificuldade nos exercícios possibilitou uma aprendizagem que refletiu no seu cotidiano. Nas resenhas, as duas categorias destacadas diminuíram e os relatos sobre vivências positivas no presente começaram a aparecer. Na sessão, ela acordou para a vivência direta, melhorou a postura e chorou menos. Fez observações sobre a viagem até a cidade, onde visitou uma outra participante do grupo.

A sra. **A** conseguiu participar dos exercícios de "Varredura em movimento", de "Ancorar-se no abdômen" e de "Contato com o Eu vivencial", o que já pode ser considerado um progresso, já que nas sessões iniciais ela não se envolvia. Os padrões verbais disfuncionais começaram a se diluir, mas a cliente não voltou às sessões seguintes. A sra. **B** a procurou, mas ela já não estava no mesmo endereço.

Discussão

Neste estudo foi usado o relato verbal do cliente como uma amostra de como ele se relaciona com o mundo. Falar – mesmo que seja uma fala privada (pensamento) – e escrever são comportamentos. A terapeuta usou a análise dos relatos das clientes e a observação do comportamento na sessão, por incluírem amostras da problemática delas.

A "catastrofização" (Turner; Jensen; Romano, 2000) e o contexto de "dar razões" (Zettle; Hayes, 1986) na vivência da dor física e emocional funcionam como fatores alienantes, que mantêm o cliente preso às amarras do seu próprio comportamento verbal. Sugerimos que quebrar esses padrões problemáticos, por meio de exercícios de *mindfulness*, promove, no caso dessas participantes, mudanças na vivência da dor.

Além de promover uma nova atitude diante dos conteúdos cognitivos e emocionais, o *mindfulness* também é incompatível com o comportamento de dor que Fordyce (1976) descreveu. A nova atitude não dá espaço para esse comportamento de dor, no qual respostas operantes mantidas sob controle externo (as contingências sociais) dominam o repertório do cliente, que não se dá conta das suas próprias estratégias autodestrutivas. Fruzzetti e Iverson (2004) apontam que, na interação com o outro, o *mindfulness* significa que a pessoa se lembra do contexto de suas trocas, de seus alvos no longo prazo e de seus valores relevantes para o relacionamento com este outro. Assim, relacionar-se com os outros na moda *mindful* impede que a pessoa continue no piloto automático perpetuando o comportamento de dor.

DA PSICOLOGIA
CONTEMPORÂNEA

Na sua proposta inicial (Kabat-Zinn, 1982), o treino de *mindfulness* encaixa-se numa abordagem psicoeducativa para a dor. A pessoa aprende, com o treino, a lidar melhor com o estresse que alimenta a dor e que também é produzido em muitos casos por ela. Nós procuramos ir além dessa proposta. *Mindfulness* como uma atitude na vida pode aumentar a resiliência diante de estressores do cotidiano e eventos negativos de vida. A dor afunila o campo da atenção (Eccleston; Crombez, 1999), estreitando cada vez mais a vivência consciente e mantendo o foco em sentimentos e pensamentos negativos; o *mindfulness*, por sua vez, favorece a percepção da complexidade das emoções, inclusive dos momentos positivos que ocorrem ao lado dos negativos. Essa abertura para emoções positivas traz novas possibilidades de *coping* (Folkman; Moskowitz, 2000) e um aumento da resiliência (Frederickson, 2001; Zautra: Johnson; Davis, 2005).

Várias das estratégias de *coping* em situações catastróficas da vida, que Folkman e Moskowitz (2000) sugerem, estão plenamente de acordo com a atitude que chamamos de *mindfulness*. Um exemplo é o *coping* focalizando o problema e não a emoção. Essa estratégia inclui procurar informação, decidir, planejar e agir de forma específica para a situação e norteada pela tarefa. Inclui o esquecimento de alvos e objetivos anteriores, que não são mais relevantes para uma situação nova, e a escolha de alvos novos e realistas. Inclui também um redirecionamento da atenção para dados concretos e a mobilização intencional dos recursos do indivíduo. Estudos relacionam essa estratégia à emergência de emoções positivas no meio de episódios de vida altamente estressantes, como o cuidado de um familiar cronicamente doente.

Dois outros exemplos de estratégias descritos pelas autoras são a infusão de significado em eventos banais e a apreciação de significados situacionais. Na primeira, a pessoa esforça-se em prestar atenção à beleza de uma flor ou a um aspecto específico da situação que normalmente não chama atenção, devido ao contexto geral da vida altamente estressante. Na segunda, a pessoa considera o significado pessoal de uma situação concreta, por si mesma sofrida, em relação aos valores, alvos e comprometimentos mais importantes na sua vida. O treino de *mindfulness* parece particularmente apto ao cultivo das habilidades de *coping* que Folkman e Moskowitz (2000) descrevem. Ambos são altamente indicados para melhorar a qualidade de vida de clientes com dor crônica.

Neste capítulo, foi apontado como os exercícios formais de *mindfulness* também oferecem o contexto para a ocorrência de aprendizagem ao vivo – a pedra angular do processo terapêutico, de acordo com a FAP (Kohlenberg *et al.*, 2004). Também foram discutidas algumas maneiras pelas quais o trabalho em grupo expande as possibilidades curativas das interações. As similaridades das vivências no grupo com o cotidiano do cliente podem ser mais marcantes do que na terapia individual. Durante os exercícios de *mindfulness*, as emoções são, com mais facilidade, identificadas pelos participantes, favorecendo, assim, a vivência plena das suas reações ao grupo, ao terapeuta, aos conteúdos que surgem no processo de grupo e ao contexto da terapia. A combinação dos princípios da FAP com a prática de *mindfulness* no grupo torna mais densa a malha de oportunidades de o cliente aprender não só a lidar melhor com seus eventos privados, mas a aceitá-los e a dar sentido a eles.

Referências

CHARMAZ, K. Grounded Theory. In: SMITH J. A. (orgs.) *Qualitative Psychology:* a practical guide to research methods. London: Sage, p. 81-110, 2003.

ECCLESTON, C.; CROMBEZ, G. Pain demands attention: a cognitive-affective model of the interruptive function of pain. In: *Psychological Bulletin*, n. 125, p. 356-366, 1999.

FOLKMAN, S.; MOSKOWITZ, J. T. Positive affect and the other side of coping. In: *The American Psychologist*, n. 55, p. 647-654, 2000.

FORDYCE, W.E. *Behavioral methods for chronic pain and illness.* St. Louis: Mosby, 1976.

FREDERICKSON, B. L. The role of positive emotions in positive psychology: The broaden-and-build theory of positive emotions. *The American Psychologist*, n. 56, p. 218-226, 2001.

FRUZZETTI, A. E.; IVERSON, K. M. Mindfulness: acceptance and individual psychopathology in couples. In: HAYES, S. C.; FOLETTE, V.; LINEHAN M. M., (orgs.) *Mindfulness, Acceptance, and the new Behavior Therapies:* expanding the cognitive-behavioral tradition. New York: Guilford, 2004. p. 168-191.

HAYES, S. C. (1987). A contextual approach to therapeutic change. In: JACOBSON N. (org.) *Psychotherapists in Clinical Practice:* cognitive and behavioral perspectives. New York: Guilford, p. 327-387.

_____. Acceptance and commitment therapy and the new behavior therapies: Mindfulness, acceptance and relationships. In: HAYES, S.; FOLLETTE, V.; LINEHAN M. M. (org.) *Mindfulness and Acceptance:* expanding the cognitive behavioural tradition. New York: Guildford, 2004. p. 1-29.

_____; STROSSAHL K. D. *A practical guide to acceptance and commitment therapy*. New York: Guildford, 2005.

KABAT-ZINN, J. An outpatient program in behavioral medicine for chronic pain patients based on the practice of mindfulness meditation: Theoretical considerations and preliminary results. *General Hospital Psychiatry*, n. 4, p. 22-47, 1982.

_____. *Full catastrophe living*: using the wisdom of your body and mind to face stress, pain, and illness. New York: Delta, 1990.

KOHLENBERG, R. J.; BOLLING, M. Y.; KANTER, J. W.; PARKER, C. R. Clinical behavior analysis: Where it went wrong, how it was made good again, and why its future is so bright. *The Behavior Analyst Today*, n. 3, p. 248-254, 2002.

_____.; KANTER, J. W.; BOLLING, M.; WEXNER, R.; PARKER, C.; TSAI, M. Functional analytic psychotherapy, cognitive therapy, and acceptance. HAYES S. C.; FOLLETTE V.; LINEHAN M. (org.) *Mindfulness and Acceptance:* expanding the cognitive behavioural tradition. New York: Guildford Press, 2004. p. 96-119.

_____.; TSAI, M. Functional Analytic Psychotherapy: a behavioral approach to treatment and integration. *Journal of Psychotherapy Integration*, v. 4, 175-201, 1994.

_____. *Psicoterapia Analítica Funcional:* criando relações terapêuticas intensas e curativas. Santo André: ESETec, 2001.

LINEHAN, M. *Cognitive-behavioral:* treatment of borderline personality disorder. New York: Guilford, 1993.

MELZACK, R. Recent concepts of pain. *Journal of Medicine*, n. 13, p. 147-160, 1982.

_____. Pain, past, present and future. *Canadian Journal of Experimental Psychology*, n. 47, p. 615-629, 1993.

_____. Pain and Stress: towards understanding chronic pain. In: SABORIN M.; CRAICK F.; ROBERT M. (orgs.) *Advances in Psychological Sciences*. Londres: Taylor and Francis, 1998. v. II.

TEASDALE, J. D. Emotional Processing: three modes of mind and the prevention of relapse in depression. *Behavior Research and Therapy*, n. 37, p. 53-77, 1999.

TURNER, J.; JENSEN, M.; ROMANO, J. Do beliefs, coping and catastrophizing independently predict functioning in patients with chronic pain? *Pain*, n. 85, p. 115-125, 2000.

VANDENBERGHE, L. Terapia de grupo como processo interpessoal. In: BRANDÃO, M. Z. S.; CONTE F, C. S.; BRANDÃO, F. S., INGBERMAN, Y. K.; da SILVA, V. L. M.; OLIANI, S. M. (orgs.) In: *Sobre comportamento e cognição*. Santo André: ESETec, p. 321-325, 2004. v. 13.

_____. Abordagens comportamentais para a dor crônica. *Psicologia:* Teoria e Crítica, n. 18, p. 47-54, 2005.

_____.; DA CRUZ, A. C. F.; FERRO, C. L. B. Terapia de grupo para pacientes com dor crônica orofacial. *Revista Brasileira de Terapia Comportamental e Cognitiva*, n. 5, p. 31-40, 2003.

_____; FERRO, C. L. B. Terapia de grupo embasada em psicoterapia analítica funcional como abordagem terapêutica para dor crônica: possibilidades e perspectivas. *Psicologia:* Teoria e Prática, n. 7, p. 137-151, 2005.

_____; _____; CRUZ, A. C. F. FAP-enhanced group therapy for chronic pain. *The Behavior Analyst Today*, n. 4, p. 369-375, 2003.

ZAUTRA, A. J. ; JOHNSON, L. M.; DAVIS, M. C. Positive affect as a source of resilience for women in chronic pain. *Journal of Counseling and Clinical Psychology*, n. 73, p. 212-230, 2005.

ZETTLE, R.; HAYES, S. C. Dysfunctional control by client verbal behavior: the context of reason giving. *The Analysis of Verbal Behavior*, n. 4, p. 30-38, 1986.

6

PSICOLOGIA JURÍDICA E A PERÍCIA PSICOLÓGICA EM HOSPITAL DE CUSTÓDIA: UM COMPROMISSO ÉTICO ENTRE A JUSTIÇA E A SOCIEDADE

Rodrigo Soares Santos[1]
Patrícia Farina[2]
Tiago Bagne[3]

Este capítulo é um relato de experiência profissional sobre a perícia psicológica em hospital de custódia e suas implicações ética e social. É apresentado um breve resumo histórico da psicologia jurídica, abordando a psiquiatria forense e as tentativas de entendimento do comportamento desviante, decorrente dos transtornos mentais no mundo e no Brasil, em diferentes épocas e contextos. Além disso,

---

[1] Faculdade de Direito de Curitiba. Endereço para correspondência: psicologiajuridica@terra.com.br
[2] E-mail: patty_p@fox.com.br
[3] E-mail: bagne@terra.com.br

DA PSICOLOGIA
CONTEMPORÂNEA

abordam-se as temáticas da Responsabilidade Penal e das Medidas de Segurança, seu desenvolvimento histórico e suas aplicações atuais, incluindo alguns tópicos periciais. A presunção da periculosidade do doente mental e suas questões éticas e sociais são tratadas no segmento seguinte, junto a estudos que relacionam a prática pericial, a avaliação psiquiátrica e a psicológica. Por fim, são focadas a prática pericial no Hospital de Custódia e Tratamento Psiquiátrico "Prof. André Teixeira de Lima" e a reforma psiquiátrica no Brasil.

Breve histórico da psicologia jurídica e psiquiátrica forense

Os primeiros sinais do surgimento da psicologia jurídica datam do século XVIII, decorrentes do sentimento jurídico para o estabelecimento de normas para o convívio comum, conforme as regras de conduta a partir da relação dialética entre o Direito Natural e o Direito Positivo (Jesus, 2001). Hayseck (*apud* Jesus, 2001) proporciona uma visão social do que era entendido classicamente como sentimento jurídico; sendo o problema da ordem social natural um contraponto com a ordem derivada da ação intencional e propositiva e, consequentemente, da própria atividade judicial.

Caires (2003) informa ainda que os legisladores franceses promulgaram a primeira lei de proteção aos alienados em 1838. Caberia à autoridade pública a guarda e a fiscalização para impedir a violência e o abandono dos doentes mentais, mesmo os que estivessem sob cuidados familiares. Contudo, não se fazia referência às pessoas com transtornos mentais envolvidas em atos conflitantes com a lei, as quais permaneciam sem proteção legal.

A relação da doença mental com a lei há muito é tema de investigação. A Lei das Doze Tábuas, elaborada pelo Senado Romano (460 a.C), faz referência à incapacidade legal das crianças e dos portadores de transtornos mentais e providencia-lhes tutores. O Código do Imperador Justiniano, editado em 528 d.C., também protegia o doente mental e a criança. Platão afirmava que o ser humano é livre para escolher e, portanto, responsável pelos seus atos. Aristóteles, por sua vez, reconhecia a importância do conhecimento da consequência da ação para que o indivíduo possa ser responsabilizado. O rei Eduardo I, durante seu reinado, aproximadamente em 1272, organizou parâmetros em relação à propriedade dos súditos, oferecendo tratamento especial aos nascidos com transtornos mentais (Rigonatti; Barros, 2003).

Nem sempre a isenção do pesquisador ou os valores morais da época foram relevados. No século XIX, entre os conceitos que emergiram para se avaliar os indivíduos, estão os de raça e de classe social. Também a frenologia de Galton, cuja interpretação da capacidade humana se dá por meio do tamanho e da forma do crânio, foi usada como justificativa para os tratamentos morais, tentando estabelecer uma relação entre a loucura individual e a degeneração racial (Jacó-Vilela, 1999).

Morel, em 1857, foi o primeiro a apresentar uma teoria para a degenerescência e teve a intenção de estabelecer relação entre tipos antropológicos e atos desviantes que, por sua hereditariedade, estavam destinados a uma vida imoral, à alienação e ao crime. Como não podiam escolher não delinquir,

DA PSICOLOGIA
CONTEMPORÂNEA

eram considerados alienados. Cesare Lombroso argumentava que a criminalidade era um fenômeno hereditário, comprovado pelas suas pesquisas sobre tipos físicos em meados de 1870. Ele propunha a existência de criminosos natos e o crime como um fenômeno atávico. O crime, então, fazia parte da natureza do indivíduo e era resultado de sua inferioridade biológica. Eram criminosos natos, refratários congênitos à sensibilidade moral (Kolker, 2004; Serafim, 2003).

Kolker (2004) apresenta os estudos de Garófalo, em 1878, que, mesmo orientando suas pesquisas a aspectos da personalidade, não se furta de atribuir à hereditariedade o comportamento criminoso. Além disso, atribui a tendência ao delito a um tipo de anomalia moral, propondo um sistema de penas para eliminação do delinquente. Ferri (citado por Kolker, 2004) confere às diferentes classes sociais suas condições morais, como

> [...] a classe moralmente mais elevada [...] não comete delitos porque é honesta por sua constituição orgânica [...] [e] pelo hábito adquirido e hereditariamente transmitido; outra classe mais baixa [é] composta de indivíduos refratários a todo sentimento de honestidade [...] e a terceira classe [é a] dos que não nasceram para o delito, mas não são completamente honestos. (p. 179)

Verde (2002) afirma que o problema inicial da interface entre o Direito e as Ciências é o modo de explicar os fatos e de reconstruir a verdade. Esta, construída pelo Direito, deve ser particular, não probabilística e eficaz aos fins da produção de uma sentença.

O trabalho do psicólogo jurídico no Brasil, inicialmente, foi muito identificado ao do perito médico psiquiatra, objetivando oferecer à justiça somente subsídios para uma decisão considerada justa. Era uma prática psicológica estrita voltada para o exame e o diagnóstico – sem o foco na apuração da enfermidade, mas na investigação da verdade nos processos criminais (Bernardi, 1999).

Os médicos passaram, em meados do século XIX, a reivindicar a competência para estabelecer o diagnóstico da insanidade, com a intenção de separar os criminosos loucos dos sãos. A perícia psiquiátrica, então, na década de 1930, ganha o direito à avaliação desse diagnóstico (Bernardi, 1999).

Em 1897, o professor Francisco Franco da Rocha assume o Serviço de Assistência aos Psicopatas do Estado, e nessa época é inaugurado o Hospital Psiquiátrico Juquery. Franco da Rocha publica, em 1904, *Esboço da psiquiatria forense*. Em 1923 aposenta-se, e o professor Antônio Carlos Pacheco e Silva assume o seu cargo, trazendo significativo desenvolvimento à área (Caires, 2003).

Carvalho (2004), em sua crítica sobre o papel da perícia psicológica na execução penal, ressalta que muitas das avaliações nesse contexto atualmente são repletas de "conteúdo moral e com duvidosas doses de cientificidade" (p. 149). E acrescenta que as garantias do cidadão preso são abandonadas em detrimento dos juízos técnicos, os quais carecem de neutralidade, pois se destacam no processo pela construção e consolidação de estereótipos.

DA PSICOLOGIA
CONTEMPORÂNEA

Responsabilidade penal e medidas de segurança

O Código de Menores, promulgado pela primeira vez em 1927 e depois em 1979, caracterizava-se por partilhar a ideia de que somente os menores em situação irregular – incluídos os abandonados, delinquentes, pervertidos ou aqueles em perigo de ser (referente à periculosidade) – seriam alvo da tutela do Estado. O Código Criminal de 1830 definia quais sanções deveriam ser aplicadas no cometimento de crimes por menores de idade, com um conteúdo de caráter penalista e criminal (Santos, 2004). Atualmente, o Estatuto da Criança e do Adolescente define a situação do adolescente envolvido em atos infracionais por meio das medidas socioeducativas e rege que o tempo máximo de internação é de três anos. Essa regulamentação desencadeia algumas discussões; entre elas, a discussão sobre a redução da maioridade penal, cujo tema não é de interesse principal neste relato, mas o exemplo que se segue permite uma reflexão.

Em novembro de 2006, o jovem Roberto Aparecido Alves, conhecido como Champinha, recebeu uma sentença, da juíza Alena Cotrim Bizarro (Vara de Embu-Guaçu do Estado de São Paulo), que determinava sua interdição para tratamento psiquiátrico, confirmando a sentença que determinou a imediata internação do rapaz, proferida pelo juiz dr. Trazíbulo José Ferreira da Silva (Departamento de Execuções da Infância e Juventude de São Paulo). Em seu despacho a magistrada revela o que os laudos atestam: não há condições de garantir a adaptação do jovem à sociedade (*Folha de S.Paulo*, on-line, 08/11/2006).

Envolvido no rapto, no sequestro, na tortura e no assassinato dos jovens Liana Friedenbach e Felipe Caffé, em 19 de novembro de 2003, e infante na época do ato infracional, ficará internado até uma perícia indicar que está apto a voltar ao convívio social, não apresentando riscos a si e a terceiros (Lei de Execução Penal art. 175). O exame, nesse caso, é denominado "exame de cessação da periculosidade".

Mesmo envolvido em ato infracional, o interdito citado não responderá sua sentença em presídio comum, mas em hospital de custódia, como são denominados atualmente os manicômios judiciários. Na condição de inimputável, a pessoa – sem condições de responder em igualdade com criminosos comuns – recebe a atenção das chamadas medidas de segurança e não pode ser responsabilizada por não possuir condições mínimas de saúde mental para responder penalmente pelo ato praticado (Führer, 2000). Oliveira (1995) acrescenta que a própria qualificação de crime foi retirada do Código Penal, na sua reforma de 1984, e substituída por fato; contudo, "mantém-se os preceitos concernentes ao erro determinado por terceiros, ao erro sobre a pessoa, à coação irresistível e a obediência hierárquica" (p. 8).

Alguns historiadores citam o Código Penal Suíço, desenvolvido em 1893 por Karl Stoos, como o primeiro a mencionar expressamente a medida de segurança – ideia que logo ganhou corpo em outros países (Führer, 2000). Entretanto, a Regra de M'Naghten aparece em 1843, derivada de um assassinato motivado pelo que parecia ser um delírio persecutório de seu autor. A partir desse episódio, a rainha Vitória instruiu a Câmara dos Lordes a elaborar questões a fim de estabelecer regras concernentes à relação entre insanidade e criminalidade.

DA PSICOLOGIA
CONTEMPORÂNEA

Verifica-se, assim, que foram desenvolvidos instrumentos que buscaram estabelecer essas regras. O Teste do Impulso Incontrolável, em 1834, relata que o indivíduo pode saber da natureza e da qualidade do seu comportamento criminoso, mas está incontrolavelmente induzido a cometer o ato devido a um impulso forte, resultado de uma condição mental. O Teste de New Hampshire e Durham, em 1871, diz que seria inocente, por razões de sanidade, o autor de um ato criminoso somente se este fosse produto de doença mental. Já o Teste de Vermont, em 1957, relata que uma pessoa não é responsável pela sua conduta se, na ocasião do ato, como resultado de uma doença mental, ela carecia de capacidade para considerar a criminalidade de sua conduta e para adequá-la à lei.

No Brasil, o Código Penal do Império, de 1824, previa o recolhimento para casa especial ou a entrega dos "insanos delinquentes" para a família. Já o Código de 1890 relata a internação para a segurança do público, pois a impossibilidade moral de aplicação de pena tradicional ao insano envolvido em ato infracional se emparelhava com a necessidade de se manter a segurança pública (Führer, 2000).

Na sequência, o autor acrescenta que a medida de segurança era composta pelo sistema conhecido como duplo binário, com finalidade curativa e de contenção, consistindo em pena de prisão e internação. Esse sistema vigorou entre 1940 e 1984, quando foi substituído pelo sistema Vicariante, que consistia em aplicar somente as medidas de segurança aos inimputáveis e aos semi-imputáveis - a estes últimos, somente se houver necessidade de tratamento.

As medidas de segurança correspondem à internação em hospital de custódia ou em estabelecimento adequado; existe a possibilidade ainda de sujeição a tratamento ambulatorial. A internação ou o tratamento ambulatorial ocorrerão por tempo indeterminado, e perdurarão enquanto não for averiguado, mediante perícia médica, o Exame de Cessação de Periculosidade, cujo prazo mínimo deverá ser de um a três anos. A perícia médica realizar-se-á ao término do prazo mínimo fixado e deverá ser repetida de ano em ano, ou a qualquer tempo, se o juiz da execução assim determinar (Oliveira, 1995).

No Brasil, na década de 1920, foi realizado o primeiro diagnóstico médico-legal de inimputabilidade; certamente, um marco da psiquiatria forense em nosso território. Foi periciado Febrônio Índio do Brasil, acusado de crimes seriais hediondos e diagnosticado com esquizofrenia (Caires, 2003).

Moraes e Fridman (2004) ressaltam algumas peculiaridades do trabalho pericial primando pelo direito ao contraditório nesta avaliação. Salientam que, mesmo sendo um meio de prova, a perícia não pode ser entendida como verdade absoluta e definitiva sobre determinado tópico, e que o trabalho do assistente técnico das partes é fundamental para o princípio da ampla defesa.

Na tentativa de definir se o indivíduo é capaz ou não de ser imputado penalmente de seus atos, Teixeira (2003) diz que, para as perícias psiquiátricas no Direito Penal, são necessários aprofundamentos na análise dos fatos para determinar o nexo causal (ligação entre a patologia e o ato) –, o que pode causar a necessidade de pesquisa de dados da época e de localidades diversas. Segundo Rovinski (2004), nos casos de avaliação da responsabilidade penal (imputabilidade penal), o Código de Processo Penal faz referência à necessidade do exame médico-legal (art. 149).

A autora acrescenta que os psicólogos podem ser inqueridos sobre a sua legitimação para atuarem na área das perícias (área penal); sob determinação expressa do juiz, o psicólogo poderá realizar seu trabalho. Mesmo sem poder assumir a responsabilidade de tal perícia, esse profissional tem sido requisitado com frequência para atuar em avaliação psicológica complementar ao trabalho do perito psiquiatra (Rovinski, 2004). Na legislação brasileira, a presença de um perito cabe nas situações em que "a prova do fato depender de conhecimento técnico-científico

[...] escolhido entre profissionais de nível universitário devidamente inscritos nos órgãos de classe competente – C. P. C. Cap. V, seção II". Assim, o psicólogo já se encontra legitimado em seu exercício profissional (Rovinski, 2004).

A periculosidade do doente mental e estudos correlatos

O ato desviante que conflita com a lei pode ser observado como um sintoma que denuncia uma vida social descuidada, uma família desagregada ou uma luta pela sobrevivência instintiva e natural. Uma vez que o sujeito possui uma realidade singular, um esquema próprio de pensamento, com sua lógica destoante do mundo que o cerca, e não possui juízo crítico preservado nem controle de seus atos voluntários, não seria adequado mantê-lo numa instituição (penitenciária) sem condições de zelar pela sua condição mental especial.

A periculosidade do doente mental é abordada por Posterli (1995), quando relata que o homem que não goza de todas as suas faculdades mentais não poderá dar conta de seus atos; isso porque, devido à sua mórbida condição mental, ele tem modificada a juricidade dos seus atos e das suas relações sociais. Sob o ponto de vista jurídico, periculosidade é o conjunto de circunstâncias que indicam a probabilidade de alguém praticar ou tornar a praticar um crime; é a potência para converter-se em causas de ações danosas à sociedade. O autor informa que é mais no psiquismo da pessoa do que na materialidade do fato ou crime que o juiz, em sua livre faculdade do convencimento, encontra as razões para absolver ou condenar.

O doente mental é presumivelmente perigoso, e essa presunção absoluta de periculosidade afronta em vários pontos o Direito. Observa-se que qualquer tipo de presunção não se harmoniza com o Direito Penal moderno nem com garantias individuais mínimas de que toda pessoa dispõe. O prejulgamento tem oculta sua inconstitucionalidade e fere o princípio da presunção de inocência, que inclui a presunção da não periculosidade. Esta última não vigora para o semi-imputável, o qual somente terá sua pena substituída por medida de segurança se necessitar de especial e comprovado tratamento (Führer, 2000).

Nosso Código Penal, contudo, apresenta avanços em primar pela ideia da Teoria Finalista da Ação, na sua reforma em 1984. Führer (2000) esclarece que essa ideia se opõe à Teoria Causalista da Ação, que, num primeiro momento, não analisa se houve dolo ou culpa; basta o movimento humano voluntário por si só sem sua parcela de subjetividade.

DA PSICOLOGIA
CONTEMPORÂNEA

Führer (2000) afirma ainda que a Teoria Finalista da Ação, de Hans Welzer, surgida em 1935 na Alemanha, sugere uma contrapartida à ideia do movimento corporal sem fim especificado. A doutrina Finalista, ao analisar a ação, passou a valorizar a vontade e a finalidade do indivíduo, abandonando a ideia de ação humana mecânica sem um fim definido. Jacó-Vilela (1999) acrescenta que o Direito Clássico, fundamentado na universalidade da razão, compreendia o crime como decorrente do livre-arbítrio, responsabilizando a pessoa que o cometeu. Essa linha perde espaço para o Direito Positivista, o qual questiona a autonomia do indivíduo para se autogovernar e controlar sua vontade.

Em resumo, se há a ideia de que é necessária uma intenção ao desenvolver a ação, essa intenção deve ser norteada pelo elemento subjetivo, que traz consigo os conceitos de sanidade interferindo diretamente no juízo crítico (entendimento) e no controle dos atos voluntários (determinação). A punição deverá ser dada ao autor da ação intencional, que conhece o caráter ilícito de seu ato e tem a capacidade de reger sua conduta em função desse conhecimento.

Quando o indivíduo possui conhecimento de sua patologia, sabe dos possíveis danos que ela pode causar a si e a outros e pode prever quais as consequências na influência de sua conduta; mesmo numa hipotética condição de inimputabilidade, poderá responder penalmente por seus atos. Segundo a Teoria da *actio libera in causa* (ação livre em sua causa), a pessoa que pode alcançar facilmente a previsão do possível resultado criminoso de seu ato pode até não ter a intenção da ilicitude, mas, se assume o risco, será responsável por ele. É a chamada responsabilidade objetiva (Führer, 2000).

Franco, prefaciando D'Ávila (2001), contrapõe-se a essa ideia, afirmando que nem todo o resultado advindo de uma conduta perigosa (que se manteve na esfera do risco permitido) pode ser imputado ao agente. E acrescenta que podem ser estabelecidos critérios que excluem, quanto à tipicidade e não como causa justificante, resultados que desde então se tornam irrelevantes para o Direito Penal. Sob tal enfoque, o critério caracterizador do fato típico culposo, centrado na infração ao dever objetivo de cuidado, não se revela convincente e pode induzir ao erro. Corre-se o risco de confundir os delitos negligentes com os omissivos. Um exemplo é o indivíduo epilético, conhecedor de sua patologia, que opta por dirigir mesmo sabendo que uma crise pode acontecer e causar um acidente.

Em contexto similar, Posterli (1995) relata sobre o Estado Crepuscular Epilético, no qual o paciente pode ter uma conduta violenta sem que tenha noção do ato. Esse tipo de crime se caracteriza pela ausência de motivo, falta de premeditação, instantaneidade e energia na execução do ato. É desenvolvido com violência insólita, multiplicidade de golpes, nenhuma simulação na prática do atentado e nenhum cuidado em se esconder depois. Existem ainda a indiferença absoluta, a ausência de mágoa e remorso, o esquecimento total ou as lembranças confusas e parciais do ato. Em alguns casos, o indivíduo não perde a consciência, mas possui uma alteração quantitativa.

Assim, não é correta a afirmação do chefe da Polícia Civil fluminense, dr. Ricardo Hallack, de que o crime cometido pelo pedreiro Julio Dias da Mota, na noite de 10 de dezembro de 2006, "trata-se de um ato com requintes de crueldade, que chamamos didaticamente de crime epilético" (*Folha de S.Paulo*, 11/12/2006, C6). Nesse caso, não há nada que indique uma crise ou um quadro epilético que justifique o ato. O pedreiro alega ter matado, com um espeto de churrasco, um corretor da Bolsa de Valores do Rio de Janeiro sob a alegação de ter sido convidado a ter relações sexuais com ele. Há indicativos de tentativa de encobrir o crime, o que desqualifica a tentativa de diagnóstico do chefe de polícia, pois, se não há conhecimento do ato como ilícito, não se justifica tentar escondê-lo.

Contudo, a epilepsia e os transtornos mentais a ela associados podem implicar comportamentos violentos. Há uma prevalência duas a quatro vezes maior de epilepsia em prisioneiros do que na população em geral; a prevalência encontrada em prisioneiros é semelhante a da encontrada em classes sociais mais baixas, das quais tem origem a maioria deles. Por outro lado, não há evidências de que a violência seja maior em indivíduos com epilepsia e não há prevalência de epilepsia em sujeitos condenados por crimes violentos. O termo citado como ato violento cometido pelo paciente epilético está em desuso por ser pejorativo; é melhor descrito como ato epilético (Castro; Cremonese; Marchetti 2006).

Laks e Engelhardt (2004), discorrendo a respeito de exames e avaliações complementares em psiquiatria forense, afirmam que o eletroencefalograma (EEG) oferece informações sobre as alterações eletrofisiológicas do funcionamento cerebral. Nesse item importa mais a relação causal entre o quadro clínico apresentado e o ato perpetrado, além de que um diagnóstico de epilepsia confirmado pode não ser causa suficiente para a inimputabilidade ou a isenção de responsabilidade civil do indivíduo. Os autores complementam que o EEG anormal é bastante comum em pessoas com comportamento explosivo e instável, embora não possa configurar um quadro clínico de epilepsia. Eles citam Josef (2000), que traz o resultado de um estudo com pessoas explosivas paroxísticas: apenas 5% delas com EEG anormal. Outro estudo analisando o EEG de homicidas e de um grupo controle encontrou 10% dos participantes com o EEG anormal, em ambos os grupos.

Outra psicopatologia de interesse forense são as demências. Tal interesse se refere basicamente ao processo de interdição para garantir a proteção do indivíduo e dos seus bens. Mansur e Bottino (2006) esclarecem que a demência é um termo geral em jurisprudência e abarca várias doenças mentais – como ocorre com o termo psicopatia –, e que esse comprometimento pode ocorrer de forma transitória ou definitiva. Alguns indivíduos com esse quadro podem ter comportamentos impulsivos. As síndromes demenciais interferem na dignidade e independência do indivíduo, causando-lhe sofrimento e aos que estão em seu entorno. Os autores informam que, há pouco tempo, na França, para que a curadoria dos bens do interditado fosse efetivada, este deveria ser internado em regime fechado – o que não se justifica, pois mesmo com as limitações da doença e dificuldades em assumir suas responsabilidades civis, a internação nem sempre é necessária.

Garcia (2003; 2006) nos sugere uma reflexão importante quanto ao preconceito a que estão sujeitos os doentes mentais que infringem a lei. Os pacientes submetidos a tratamento são afastados da civilidade, pela internação ou pela medicação, o que os conduz a uma morte social. A autora destaca o preconceito, mesmo que velado, como inimigo da inclusão, cuja presença se percebe por meio da procura tardia por ajuda da parte dos portadores de doenças mentais e emocionais e do silêncio dos envolvidos sobre os transtornos.

Esta mesma autora acrescenta que familiares de pacientes com transtorno mental, na luta pela restauração do equilíbrio familiar antes do aparecimento dos sintomas, podem contribuir para o agravamento do quadro, e que depois do movimento higienista do século XIX, a família brasileira parece ter perdido, quase totalmente, a capacidade de cuidar de sua saúde e de sua educação, tornando-se dependente do Estado.

Oliveira (2006), em seu texto *Período médico-legal da esquizofrenia*, define-a como

> [...] uma doença mental que se caracteriza por uma desorganização ampla e abrangente dos processos mentais. É um quadro complexo, que apresenta sinais e sintomas na área do pensamento, da percepção e das emoções e causa prejuízos nas mais diversas esferas; ocupacionais, interpessoais e familiares (p. 33).

A pessoa perde a capacidade de diferenciar a experiência real da imaginária e acredita que seus pensamentos podem ser compartilhados por outras pessoas, entre outras características.

A autora cita Legrand du Saulle como criador do conceito de "período médico-legal das psicoses". Nesse período, antes que apareçam os sintomas declarados da doença, surgem alterações do caráter e do senso moral, que culminam com a prática de atos significativamente diversos daqueles que a pessoa praticava usualmente. Na sequência, descreve o período médico-legal da esquizofrenia, elaborado por Antheaume e Mignot (sem referência). Nesse espaço de tempo, o ato infracional pode caracterizar a passagem da latência à doença. São, no geral, delitos de caráter súbito, imotivados, absurdos ou bizarros e, quase sempre, não são precedidos de qualquer suspeita do propósito do crime.

A esquizofrenia, geralmente, inicia-se em indivíduos com boa integridade mental e que podem se diferenciar dos demais por ter um comportamento mais isolado, introvertido e passivo (Oliveira, 2006). É possível que esse comportamento seja confundido como um traço de personalidade, em vez de uma manifestação da patologia. Segundo Sisto (2004), as características do traço de personalidade extroversão, quando a pontuação fica abaixo do quartil 25% (introversão), são retração, introspecção, reserva e poucas amizades; os sujeitos são tímidos e solitários. Sob um olhar descuidado, tais características podem induzir a erros.

Eysenck publicou estudos a respeito de traços de personalidade, apresentando uma abordagem científica. Considerado o criador da moderna teoria científica da personalidade, o autor define o traço como uma constelação de tendências e ações individuais observadas (Eysenck, 1998). Partindo do pressuposto de que existe um núcleo constante e outro variável na personalidade, o núcleo constante seria denominado traço – considerado uma tendência no comportamento de um indivíduo. Traço de personalidade, então, representaria tendências relativamente estáveis nas formas de pensar, sentir e atuar com as pessoas (Sisto, 2004).

187

Muitos pesquisadores não consideram a orientação dos traços como uma abordagem teórica, afirmando que servem mais como descritores das diferenças individuais do que como determinantes do comportamento. O conceito de traço tem se destacado no domínio da avaliação da personalidade; seus estudos têm gerado modelos teóricos considerando fatores gerais da personalidade (Pinho; Guzzo *apud* Santos, 2006).

A perícia psicológica em hospital de custódia

Laks e Engelhardt (2004) relatam que a perícia psiquiátrica, composta basicamente de entrevistas no modelo clássico, pode deixar escapar informações que seriam fundamentais para uma compreensão mais ampla do caso – muitas vezes, modificando o desenlace do laudo e, por conseguinte, o entendimento e a aplicação de medidas de restrição, interdição ou imputabilidade ao caso em análise.

No contexto pericial, a avaliação psicológica tem por finalidade responder aos quesitos formulados pelo juiz. O resultado, expresso por meio de um laudo, esclareceria se o indivíduo tem capacidade de entender seus atos e suas consequências, e de se comportar de acordo com esse entendimento. Sob essa perspectiva, os estudos atuais enfatizam a necessidade de compreensão dos processos complexos pelos quais uma pessoa se envolve numa conduta delinquente. Essa conduta, então, é resultado de uma interação de contextos e situações do meio com processos cognitivos, pessoais, afetivos, vivenciais e biológicos (Serafim, 2006).

Basicamente, cabe ao psicólogo perito investigar o funcionamento mental do indivíduo acusado (Rovinski, 2004). De acordo com Silva (2003), quando os argumentos e as provas não são suficientes para o convencimento do juiz (decorrente do seu desconhecimento da matéria técnica em questão), existirá a necessidade de se recorrer à prova pericial; no caso, à perícia psicológica.

Assim, as novas aparelhagens de saúde mental e um novo olhar sobre a loucura levam-nos a pensar em novas possibilidades de intervenção junto ao paciente psiquiátrico que não se resumem à internação. Entretanto, no trabalho com pacientes judiciários, encontram-se ainda muitas resistências no que se refere à sua reinclusão social e ao seu encaminhamento ao tratamento ambulatorial. Quanto aos hospitais de custódia, um dos maiores problemas encontrados é a ambiguidade da existência desse tipo de instituição – se, por um lado, trata-se de um hospital para doentes mentais, por outro, prioriza-se a ideologia carcerária. Essa configuração colabora para a sua ineficácia e a impossibilidade de um diálogo entre o Direito, a Medicina e outros saberes relacionados aos pacientes para lá encaminhados (Mamede, 2006).

A reforma psiquiátrica no Brasil ganha força a partir da década de 1980. Entretanto, somente em 2001 foi promulgada a Lei Federal nº 10.216 (conhecida como Lei Paulo Delgado), que prevê a reformulação da assistência aos pacientes acometidos por transtornos mentais. A atual legislação em saúde mental prevê, por meio da Portaria Interministerial (Ministério da Justiça e Saúde, nº 628, de 2002), a implementação de serviços de saúde voltados ao Sistema Penitenciário Nacional, baseados nas diretrizes do Sistema Único de Saúde

– SUS. Assim, essa Portaria estende aos pacientes internados em hospitais de custódia o cuidado em saúde mental, estabelecendo que a pessoa com transtorno mental envolvida em atos infracionais deve ser usuária de todo o sistema de saúde – sobretudo, o de saúde mental preconizado pela Reforma Psiquiátrica no Brasil, que determina que o tratamento deve ser prioritariamente realizado em ambulatórios, e não no interior dos manicômios (Ministério da Saúde, 2001; 2002).

Embora exista a necessidade de uma discussão a respeito do funcionamento errôneo e fracassado dos hospitais de custódia, principalmente no estado de São de Paulo, o poder público ainda não se mobilizou em articular seu funcionamento de acordo com as novas propostas (Mamede, 2006). A existência de uma legislação que centra o cuidado em saúde mental, sobretudo no modelo extra-hospitalar (os ambulatórios, os centros ou Núcleos de Atenção Psicossocial – CAPS/NAPS, os serviços residenciais terapêuticos, os projetos que priorizam a reinserção social do paciente, os acompanhantes terapêuticos, a presença de equipe multiprofissional, entre outros), motiva a criação de iniciativas que quebrem o descaso em que se encontram os pacientes internados em hospitais de custódia.

Diante desse panorama, psicólogos supervisores e aprimorandos[4] do Hospital de Custódia e Tratamento Psiquiátrico "Prof. André Teixeira de Lima", do estado de São Paulo, buscam traçar novos caminhos para a chamada perícia psicológica que é realizada no hospital, em que a avaliação dos casos e os encaminhamentos são pensados de acordo com as novas diretrizes em saúde mental e os recursos do SUS.

---

4   Psicólogos integrantes do Programa de Aprimoramento Profissional (PAP), da Fundação para o Desenvolvimento Administrativo (FUNDAP).

Nesse hospital, os peritos designados para as avaliações judiciais são apenas os psiquiatras. Observamos quanto o modo de funcionamento desse hospital se diferencia das demais aparelhagens em saúde mental. Ao contrário do funcionamento dos CAPS ou dos serviços de atenção básica (como o Programa Saúde da Família – PSF), em que existem equipes multidisciplinares coordenadas por um enfermeiro ou outro técnico (psicólogo ou assistente social) e nos quais se procura evidenciar um funcionamento não hierárquico para que haja troca e complementação de saberes, ainda se perpetua um modelo centrado na figura do médico como aquele que tem poder decisivo no futuro do paciente.

Assim, as avaliações da perícia realizadas pela psicologia, que até o momento nesse hospital têm caráter complementar, são divulgadas apenas internamente e não são encaminhadas ao juiz. Seu objetivo primordial é encaminhar o paciente a um tratamento mais adequado no hospital, por meio dos programas de desinternação progressiva ou domiciliar – nova estratégia terapêutica – ou, ainda, fora da instituição, nos tratamentos ambulatoriais. Com esse trabalho almeja-se também mobilizar a instituição para que as práticas vigentes sejam repensadas. A perícia psicológica é realizada conforme a estrutura seguinte.

Ela é composta de quatro encontros; os dois primeiros referem-se a entrevistas semidirigidas. No primeiro, informa-se ao paciente que a perícia realizada não será encaminhada ao juiz, entretanto será anexada em seu prontuário – ao qual o médico perito designado terá acesso. Nesses encontros iniciais, o psicólogo também explica ao paciente como serão realizados os próximos, informando-o sobre hora, local, número de entrevistas, uso de instrumento e entrevista devolutiva. O paciente pode, então, optar por participar ou não da avaliação. No terceiro momento, o profissional auxilia na coleta de informações, instrumentos de medidas psicológicos, a fim de enriquecer ou confirmar os dados coletados nas entrevistas; contudo, com alguns pacientes, devido à cronicidade da doença, não é possível a aplicação desses instrumentos.

No último encontro, é realizada uma devolutiva, em que se esclarecem ao paciente a conclusão de sua avaliação e os motivos para tal encaminhamento. Procura-se dar à perícia um caráter terapêutico e, algumas vezes, interventivo. A entrevista devolutiva é fundamental, por ser o momento em que se retomam com o paciente os conteúdos dos encontros anteriores e se discute sobre a conclusão do parecer, seja desinternação (integral ou parcial) ou permanência no hospital. O informe do profissional responsável pelo parecer ao paciente é um compromisso ético.

Além dos encontros com o paciente, é feita também a leitura dos prontuários clínicos da própria instituição, em que consta toda a trajetória do paciente no hospital: medicações, atividades realizadas, intercorrências, frequência de visita e demais dados judiciais referentes à história do sujeito no sistema penitenciário, bem como de outros técnicos envolvidos com seu atendimento – como psicólogo, assistente social, médico, segurança e enfermeiro.

O psicólogo procura ainda coletar informações com a família do paciente, o que implica muitas vezes uma busca investigativa pela localização de parentes. A partir do contato com a família, a intenção é visualizar as suas reais condições e a sua disponibilidade para reassumir os cuidados do paciente, bem como mobilizá-la de que a permanência em hospital de custódia é provisória. Nesse momento, tenta-se quebrar o paradigma vivenciado há anos, já denunciado por muitos autores, de que ser internado num hospital-presídio é estar condenado à prisão perpétua (Cohen, 1996).

Por fim, procura-se contatar a rede do SUS do município do paciente, a fim de descobrir quais recursos da comunidade estão disponíveis para seu atendimento. Algumas unidades de saúde se comprometem não apenas em dar continuidade ao atendimento do paciente, mas em preparar sua família, mesmo antes de seu retorno, para que tenha suporte para recebê-lo. O contato entre o hospital de custódia e a unidade de saúde do município do paciente representa não só um comprometimento entre duas unidades envolvidas num objetivo comum, mas também a possibilidade de uma instituição total, segundo a concepção de Goffman (1974), sair de seu isolamento e trabalhar em rede.

A ampla avaliação do caso demanda muito empenho do psicólogo envolvido, que, muitas vezes, realiza um trabalho que poderia ser feito com profissionais de outras áreas. Até o momento, é notório o desconhecimento por parte da equipe técnica e das famílias dos pacientes a respeito da legislação e dos procedimentos adequados para o atendimento ao doente mental envolvido em ato infracional. Algumas famílias não estão cientes da possibilidade de desinternação, e muitos profissionais desconhecem a existência das atuais intervenções de saúde mental ou não acreditam na eficácia do tratamento ambulatorial. Muitos encaminhamentos de perícia são destinados aos chamados hospitais psiquiátricos comuns (desvinculados do sistema penitenciário, mas também de regime de internação); entretanto, a partir da Lei n° 10.216, até mesmo essas unidades vêm se adequando às novas diretrizes – reduzindo o número de leitos, oferecendo apenas internações de curto prazo e convertendo-se em outros serviços, como hospital-dia e serviços residenciais terapêuticos.

Embora muitas vezes a equipe de psicologia não consiga que seja efetivado o encaminhamento que sugeriu, essa maneira de avaliar os pacientes – enfatizando o contato com a família e a parceria com o serviço de saúde mental do município de origem desse indivíduo – despertou o interesse da diretoria deste hospital, que passou a solicitar maior empenho da equipe nessa atividade. Entendemos que esse tipo de avaliação, realizado pela psicologia, mais completo e pontual, venha não apenas colaborar com a mudança da realidade vivida pelos pacientes, mas também enfatizar a necessidade de um trabalho interdisciplinar e em rede na elaboração de perícias e encaminhamentos. Um modelo de atendimento referencial para esse trabalho é o Programa de Assistência do Paciente Judiciário – PAI-PJ –, em Minas Gerais (Ministério da Saúde, 2002).

Referências

BERNARDI, D. C. F. História da inserção do profissional psicólogo no Tribunal de Justiça do Estado de São Paulo. In: BRITO, L. M. T. (org.) *Temas em Psicologia Jurídica*. Rio de Janeiro: Relume Dumará, 1999.

CAIRES, M. A. F. *Psicologia Jurídica:* implicações conceituais e aplicações práticas. São Paulo: Vetor, 2003.

CARVALHO, S. O papel da perícia psicológica na execução penal. In: BRANDÃO, E. P.; GONÇALVEZ, H. S. (org.) *Psicologia Jurídica no Brasil*. Rio de Janeiro: Nau, 2004.

CASTRO, A. P. W.; CREMONESE, E.; MARCHETTI, R. L. Epilepsia e aspectos forenses. In: SERAFIM, A. P.; BARROS, D. M.; RIGONATTI, S. P. (org.) *Temas em Psiquiatria Forense e Psicologia Jurídica II*, São Paulo: Vetor, 2006.

COHEN, C. Medida de Segurança. In: COHEN, C.; FERRAZ, F. C.; SEGRE, M. (org.) *Saúde Mental Crime e Justiça*. São Paulo: Edusp, 1996. p. 77-83.

D'ÁVILA, F. R. *Crime Culposo e Teoria da Imputação Objetiva*. São Paulo: Revista dos Tribunais, 2001.

EYSENCK, H. J. *Dimensions of the Personality*. New Brunswick: Transaction Publishers, 1998.

FüHRER, M. R. E. *Tratado da Inimputabilidade do Direito Penal*. São Paulo: Malheiros, 2000.

GARCIA, S. A. F. A família do paciente psiquiátrico e a criminalidade. In: RIGONATTI, S. P.; SERAFIM, A.; BARROS, E. L. (org.) *Temas em Psiquiatria Forense e Psicologia Jurídica*. São Paulo: Vetor, 2003.

_____. Preconceito e morte social para doentes mentais e infratores da lei. In: SERAFIM, A. P.; BARROS, D. M.; RIGONATTI, S. P. (org.), *Temas em Psiquiatria Forense e Psicologia Jurídica II*. São Paulo: Vetor, 2006.

GOFFMAN, E. *Manicômios, Prisões e Conventos*. São Paulo: Perspectiva, 1974.

JACÓ-VILELA, A. M. Os primórdios da psicologia jurídica. In: BRITO, L. M. T. (org.). *Temas em Psicologia Jurídica*, Rio de Janeiro: Relume Dumará, 1999.

JOSEF, F. *Homicídio e Doença Mental: estudo clínico-psiquiátrico de um grupo de homicidas no Rio de Janeiro*. Rio de Janeiro: Forense, 2000.

JESUS, F. *Psicologia aplicada à Justiça*. Goiânia: AB Editora, 2001.

KOLKER, T. A atuação dos psicólogos no sistema penal. In: BRANDÃO, E. P.; GONÇALVEZ, H. S. (org.) *Psicologia Jurídica no Brasil*. Rio de Janeiro: Ed. Nau, 2004.

LAKS, J.; ENGELHARDT, E. Exames e avaliações complementares em psiquiatria forense. In: TABORDA, J. G. V.; CHALUB, M.; ABDALA-FILHO, E. (org.). *Psiquiatria Forense*. Porto Alegre: Artmed, 2004.

MAMEDE, M. C. *Cartas e Retratos:* uma clínica em direção à ética. São Paulo: Altamira, 2006.

MANSUR, C. G. S.; BOTTINO, C. Demência e psiquiatria forense. In: SERAFIM, A. P.; BARROS, D. M.; RIGONATTI, S. P. (org.), *Temas em Psiquiatria Forense e Psicologia Jurídica II*, São Paulo: Vetor, 2006.

MINISTÉRIO DA SAÚDE. III Conferência Nacional de Saúde Mental. *Cadernos de Textos*. Brasília, 2001.

_____. Relatório Final do Seminário para Reorientação dos Hospitais de Custódia e Tratamento Psiquiátrico. Brasília, 2002.

MORAES, T.; FRIDMAN, S. Medicina forense, psiquiatria e lei. In: TABORDA, J. G. V.; CHALUB, M.; ABDALA-FILHO, E. (org.), *Psiquiatria Forense*. Porto Alegre: Artmed, 2004.

OLIVEIRA, J. *Código Penal*. São Paulo: Saraiva, 1995.

OLIVEIRA, L. M. Período médico-legal da esquizofrenia. In: SERAFIM, A. P.; BARROS, D. M.; RIGONATTI, S. P. (org.), *Temas em Psiquiatria Forense e Psicologia Jurídica II*. São Paulo: Vetor, 2006.

POSTERLI, R. *A Periculosidade do Doente Mental*. Belo Horizonte: Del Rey, 1995.

RIGONATTI, S. P.; BARROS, E. L. Notas sobre a história da psiquiatria forense, da antiguidade ao começo do século XX. In: RIGONATTI, S. P. (coord.); SERAFIM, A.; BARROS, E. L. (org.) *Temas em Psiquiatria Forense e Psicologia Jurídica*. São Paulo: Vetor, 2003.

ROVINSKI, S. L. R. A perícia psicológica. *Revista Aletheia*, n. 7, 1998.

_____. *Fundamentos da Perícia Psicológica Forense*. São Paulo: Vetor, 2004.

SANTOS, E. P. S. (Des)construindo a "menoridade": uma análise crítica sobre o papel da psicologia na produção da categoria "menor". In: BRANDÃO, E. P.; GONÇALVEZ, H. S. (org.) *Psicologia Jurídica no Brasil*. Rio de Janeiro: Ed. Nau, 2004.

_____. *Avaliação da maturidade perceptomotora e traços de personalidade*. 2006. Dissertação de mestrado. Universidade São Francisco. Itatiba.

SERAFIM, A. P. Aspectos etiológicos do comportamento criminoso. In: RIGONATTI, S. P. SERAFIM, A.; BARROS, E. L. (org.) *Temas em Psiquiatria Forense e Psicologia Jurídica*. São Paulo: Vetor, 2003.

DA PSICOLOGIA
CONTEMPORÂNEA

_____. Neuropsicologia e prática forense. In: SERAFIM, A. P.; BARROS, D. M.; RIGONATTI, S. P. (org.) *Temas em Psiquiatria Forense e Psicologia Jurídica II*. São Paulo: Vetor, 2006.

SILVA, D. M. P. *Psicologia jurídica no processo civil brasileiro:* a interface da psicologia com o direito nas questões família e infância. São Paulo: Casa do Psicólogo, 2003.

SISTO, F. F. *Escala de Traços de Personalidade para Crianças*. São Paulo: Vetor, 2004.

TEIXEIRA, E. H. Perícia psiquiátrica em direito civil. In: RIGONATTI, S. P.; SERAFIM, A. P.; BARROS, E. L. (org.) *Temas em Psiquiatria Forense e Psicologia Jurídica*. São Paulo: Vetor, 2003.

VERDE, A. *Insigth* e *Outsight*: Espaço e Direito. In: ZOMER, A. P. *Ensaios criminológicos*. São Paulo: IBCCRIM, 2002.

OS DESAFIOS DO BEM-VIVER PSÍQUICO NO TRABALHO CONTEMPORÂNEO

Ricardo Augusto Alves de Carvalho[1]
Sanyo Drummond Pires[2]

> O correr da vida embrulha tudo, a vida é assim:
> esquenta e esfria, aperta e daí afrouxa,
> sossega e depois desinquieta.
> O que ela quer da gente é coragem.
> É preciso abrir a cabeça para o total.
>
> Guimarães Rosa

O campo do trabalho e da saúde: conexões necessárias, estado da arte e luta paradigmática

Para discutirmos a temática dos trabalhadores de saúde psíquica no mundo do trabalho, é necessário, antes de tudo,

---

[1] Psicólogo, doutor em sociologia das mutações pela Universidade de Paris VII e professor da Fundação Don Cabral.
[2] Psicólogo, mestre em psicologia social pela UFMG e doutorando em avaliação psicológica pela Universidade São Francisco (Bolsista CNPq).

DA PSICOLOGIA
CONTEMPORÂNEA

explicitar em que categorias de entendimento nos apoiamos quando nos referirmos ao ser trabalhador. Partiremos, para tanto, de uma concepção de sujeito que é indissociável de sua subjetividade, do reconhecimento de seu inconsciente e, em decorrência, que se constitui como ser desejante. Portanto, o sujeito para nós é aquele que insiste em ser sujeito (em sua particular modulação, em seu particular modo de arrebatamento, um nó de relações vivas, uma sensibilidade de mundo). Isto é, aquele que resiste em ser objeto (Sousa Santos, 2000).

Passemos então a nos debruçar sobre a palavra promoção. De início deparamo-nos com o *movimentum* que impele para frente, realiza deslocamento e faz acontecer o sujeito, no sentido de promover o desvelamento de si próprio. Acontecimento no sentido do evento, de invenção da saúde, que é a nossa questão aqui. Qualquer resposta a qualquer pergunta exige o trabalho dos conceitos no inventar da realidade, naquilo que se tenta compreender por meio dos conceitos.

E promover parece-nos aqui, além de tudo, algo em direção a um movimento, de promover alguma coisa no sentido favorável a um movimento que deveria incluir a noção de promoção à saúde, ultrapassando o *pathos* pensado exclusivamente a partir da noção de sofrimento. De um lado, reconhecendo sua existência, o sujeito promove e inventa saídas para ele, no sentido de *promovere vim insitam*: desenvolvendo suas disposições naturais, nas quais relevam a resistência já tensionada hoje no mundo do trabalho como resiliência (Scwartz 1992). De outro lado, reconhecendo também que sem o trabalho do sofrimento não se instaura o processo de produção de saúde psíquica. A nosso ver, a noção de saúde psíquica (laboral) é o que deve ser aprofundado nas práticas e nos conceitos decorrentes dos campos epistemológicos disponíveis, apesar de esgotada sua capacidade normativa de explicar o real humano.

Reconfigurando a clínica como *princeps* da promoção à saúde, teremos um indicador de olhar e um princípio de ação. Como se pudéssemos dizer sobre a necessidade do olhar clínico no olhar da clínica. Segundo Barros (2003), clínica, em sua origem, significa "ao pé do leito" e na cultura helênica, contato, afecção e cuidado. Cuidado que significa também a clínica como desvio daquele que clinica para ver o outro ser humano, que está a olhar um outro com um olhar clínico no trabalho – o que é mais que preciso. E esse é o instrumental por excelência do profissional de saúde – o olhar clínico aqui revisitado. Reconfigurar do ponto de vista nacional na direção de uma práxis mais aproximativa, que implica o reconhecimento da subjetividade também como uma categoria central nas psicologias.

Tentaremos agora conectar os campos conceituais e praxiológicos das categorias "trabalho e saúde psíquica" (Carvalho, 2003). É a questão formulada por nós. Sob essa perspectiva refletiremos, tentando construir alguns indicadores teóricos que nos permitam, se não ultrapassar, problematizar a dilemática binária nos campos do trabalho e da saúde psíquica; é nessa razão que as conexões se fazem mais que necessárias.

É possível trabalho sem saúde psíquica? É possível saúde psíquica sem trabalho? O trabalho nunca é neutro em relação à saúde e deveria estar presente na própria definição de saúde, particularmente quanto a concepções de saúde como a da OMS, segundo a qual saúde psíquica é ainda expressada como "o bem-estar biopsíquicosocial" (Barros 2003; Carvalho 2003). Se o trabalho com saúde supõe estratégias de relação do "com-sigo" e de "com o outro", a saúde psíquica só pode ser compreendida como uma produção dinâmica, na qual a busca de equilíbrio é o que está em questão – jamais o equilíbrio em si, como categoria absolutizadora.

A tônica (*tonus vitae*) da saúde está no movimento de constante busca desse equilíbrio, em que o trabalho – enquanto relação (*locus* do "re-laço") social – se constitui no fiel da balança, que impele o sujeito a saber de si num esforço permanente para abrir caminho ao seu desejo de saber no trabalho. Um dos primeiros apontamentos para uma direção de atuação do psicólogo é oportunizar que os sujeitos possam saber sobre si mesmos.

Nesse tensionamento a que a conexão entre trabalho e saúde psíquica nos obriga, os espaços reais de deliberação no trabalho são diretamente proporcionais ao *quantum* de saúde (Dejours, 1998b) de cada um e do coletivo de sujeitos trabalhadores implicados. No espaço onde os sujeitos deliberam – no *lócus* da atividade laboral –, o processo de produção do trabalho é também o próprio processo de produção da saúde psíquica laboral. Aqui, há o início de uma outra (categorização teórica) produção de sentido (Carvalho, 1997).

O trabalho existe na medida do desconhecido. Onde há a falta no real, é aquilo que resiste ao que é dado, ao que é prescrito. O trabalho supõe a construção de estratégias de relação com o outro, com o si mesmo, e isso determina o processo de saúde e adoecimento (Carvalho, 1997).

O trabalho, portanto, compreende as formas de invenção e de auto e heterorregulação nas maneiras de criação de normas de antecipação que os sujeitos fazem no cotidiano laboral. Como os sujeitos trabalhadores podem fazer isso? A partir da solda, da cooperação e solidariedade, da costura, da coesão, da confiança. Aqui temos uma indicação de atuação do psicólogo do trabalho.

A palavra confiança, que está em questão, significa fiar junto. Logo, tem a ver com uma certa codificação que as mulheres e os homens trabalhadores fazem para além da gerência. O trabalho humano (fazemos questão dessa adjetivação na palavra trabalho para colocar o acento no ser humano), em sua oscilação entre *labor* e *tripalium*, deseja tornar-se *opus-poesis*, ou seja, obra criativa. Nesta obra, vemos a possibilidade (inerente ao humano) de ver reconhecido o nosso desejo. Desejo de reconhecimento naquilo que fazemos, que se articula de forma dialética com o reconhecimento do desejo (que o outro deve reconhecer). A alteridade dá-se como evocativa nas relações sociais de produção (Scwartz, 1998). O trabalho inaugura, sobretudo, uma perspectiva de alteridade. Nesse sentido, ocupa um lugar privilegiado na luta contra a doença e o patológico.

Somos radicalmente contra qualquer tentativa de desconsiderar o trabalho como categoria central na dinâmica social. Reafirmamos sua centralidade como traço constitutivo do ser humano contemporâneo. O trabalho produtor de *signo-ficare*, na produção de significados que dão valor de verdade à assertiva: "sou aquilo que faço", operando processos de reconhecimento dos sujeitos por meio da obra (sou reconhecido pelo outro e me reconheço naquilo que faço). *Opus*

DA PSICOLOGIA
CONTEMPORÂNEA

da hominização: transformo-me e sou transformado no ato de trabalho (Clot, 1995).

Todavia, constatamos hoje uma certa divisão planetária entre aqueles que estão em plena exaustão no trabalho e aqueles em máxima exclusão do mundo do trabalho. Podemos afirmar de forma inequívoca que os trabalhadores da saúde psíquica vêm também padecendo de males relacionados à forma como se dá a organização do processo de trabalho e do papel identitário (Enriquez, 1997) do psicólogo no mundo do trabalho. As pesquisas em psicopatologia do trabalho revelaram que os mecanismos de defesa desenvolvidos pelos sujeitos contra o sofrimento são muitas vezes propícios à produtividade. Assim, a exploração não fica mais restrita ao corpo, mas pressupõe uma ação na estrutura psíquica, executada pela organização do trabalho na submissão dos corpos. Os mecanismos de defesa desenvolvidos pelos sujeitos os defendem do sofrimento psíquico, a custo de ocultar as próprias razões em sofrer.

O mal-estar civilizacional é sufocante. Vivemos um momento de consciência crepuscular em relação aos valores que nos civilizaram; nesse momento de esgotamentos de modelos explicativos, vivemos um sério embate paradigmático entre um paradigma vigente (porém, sem mais efetividade e vigor em sua lente explicativa-normativa) e um emergente (cujos contornos apontam para dinâmicas processuais do que é incerto, acenando-nos com o fim das certezas). A certeza, como sabemos, torna impossível o encontro com o real. O pêndulo entre a moderação e o excesso tipifica nossa neo-modernidade tardia ou nossa hipermodernidade: estamos diante de um paradoxo em que o imperativo de um padrão de saúde psíquica nos dietifica, por meio da produção de neurotransmissores – *neo pharmakon* –, em detrimento dos apetites peculiares e singulares da vida. Ou seja, aquilo que tem a ver com a vida: o risco, os imprevistos, a incerteza, o real.

Portanto, o contemporâneo nos impõe desafios de superação numa arena onde o embate hoje se divide em dois campos de disputa. Um seria mais relacionado a um ideal adaptativo, a uma certa ortopedia na busca de um ideal de saúde. Por exemplo: os neurocientistas querem detectar a fé dentro do cérebro humano, e os procedimentos para tal empreendimento já estão sendo desenvolvidos. Tem-se tentado trazer o ser humano da imanência, que tem a fé como transcendência, para alguma coisa ainda do localizável na visão do paradigma anátomo-biomédico. Vamos ver o que a psicofarmaciologia produzirá.

Por outro lado, situaremos o outro eixo paradigmático que podemos compreender dentro da perspectiva de uma retomada do humanismo (sem sua herança idealista romântica). De um prisma paradigmático, teríamos o mercado como ideal-cêntrico de todas as coisas; de outro prisma, a perspectiva antropocêntrica.

O primeiro, fruto de uma concepção meritória e competitiva do trabalho, traz a configuração do indivíduo neoliberal da hipermodernidade. Estaria compreendido o *entrepreneuship* como ideal-tipo, que, por meio do *empowerment*, estaria capacitado para competir com sucesso. Essa perspectiva acentua a dimensão individual que, devidamente instrumentalizada, se tornaria apta para enfrentar o mercado de trabalho. O fracasso ou o sucesso estariam nas mãos dos indivíduos dentro do bordão de que a sociedade seria uma abstração, e o que

DA PSICOLOGIA
CONTEMPORÂNEA

existe são indivíduos naturalmente selecionados a reboque do coletivo. Aqui a racionalidade é de cunho instrumental, opondo-se às esferas de comunicação e deliberação. Essa perspectiva está na base das escolas de administração e suas correntes, em que a motivação passa a ser automotivação, e o conflito regulado de forma a se atingir um *optimum* do clima organizacional. Não deixa de ser uma perspectiva idealista que crê nesta possibilidade: a eliminação do conflito por uma via de suposta racionalidade. As esferas do poder não entram em questão e muito menos a cultura; o conflito é visto como disfunção, e eliminá-lo é o ideal administrativo.

Estamos na esfera do *homo-economicus*, que não se reconhece com suas necessidades, dentro de uma calculabilidade racionalmente instrumentalizada, economo-paramétrica, em que a ética da vida é substituída por um plano de carreira; em que os diversos recursos de influência sobre o psiquismo (os psicofármacos, as terapias adaptativas ou as propostas de vivências profundas conduzidas por especialistas) são instrumentos de manejo de um recurso, o qual o trabalhador gerencia a fim de obter maior capacidade de competição e inserção no mercado de trabalho.

Muitas são as críticas a essa perspectiva com as quais concordamos. Dentro de um quadro de disputa acirrada como o da nossa sociedade atual, a adoção de tal perspectiva pode parecer uma necessidade. Porém, a necessidade de autossuperação constante ou da competição com os outros torna-se característica fundamental do homem e pode ser compreendida positivamente, como nos mostrava Hesíodo (1996) em um dos primeiros textos, em que o trabalho é visto como algo de valor, de acordo com a ideia de uma boa Éris. Para essa busca, faz-se então necessária uma compreensão que expanda a visão das escolas administrativas sobre o trabalho.

Propomos a reflexão a partir de uma segunda perspectiva teórico-metodológica, centrada no humanismo como corrente filosófica e praxiológica, que coloca, retomando os gregos, o homem como medida de todas as coisas, mas pensado como uma integralidade. Privilegia-se o pensamento de cunho universalista, herdeiro do iluminismo e da autonomia do saber humano. Outras premissas são a igualdade dos homens como condição de direito e o sentimento de pertença (à comunidade, aos grupos de pertinência, à empresa etc.), marcando a égide do sujeito social e a centralidade do trabalho como traço identificatório fundamental da condição humana e, também, ao mesmo tempo, como produtor de vínculos e laços sociais. Portanto, esse eixo axiológico norteará a produção "latino-moderna", em que o sujeito é compreendido como aquele que quer saber de si, uma vez (sobretudo desde Freud) que ele não se sabe todo. Portanto, o inconsciente é dado do real.

Essa segunda perspectiva paradigmática se configura a partir de campos teóricos, os quais procuramos trabalhar de forma interdisciplinar. Apenas delinearemos indicações breves do espectro teórico e suas implicações metodológicas, entendidas cada uma em seu grande campo. São elas:

- a *psicossociologia de linhas francesas*, em Eugène Enriquez, principalmente, que nos traz a concepção de sujeito tensionado por entre as instâncias psíquicas e sociais (psicossociologia), enganador.

DA PSICOLOGIA
CONTEMPORÂNEA

Sujeito psicossocial nos emaranhados do imaginário motor e ilusório produzido no campo organizacional. Sujeito de sua história individual e de seu desejo inconsciente, como também de sua história social e suas transformações. Tensionar as instâncias mítica/sócio-histórica/institucional/organizacional/grupal/pulsional/individual;

- a *psicopatologia/psicodinâmica do trabalho*, em Christophe Dejours, que nos acena com a dialética do sofrimento (patológico/criativo-mental/psíquico) no trabalho, desvelando o sistema defensivo dos trabalhadores como estratégia de produção da saúde/doença. A saúde compreendida sempre numa perspectiva dinâmica de busca contínua de saídas dos sujeitos trabalhadores ao confrontarem com o modo como é organizado o processo de trabalho;
- a *análise institucional*, a partir de René Lourau, evidenciando-nos as diferenças entre demanda e encomenda, os atravessamentos, as potências e os analisadores em dada situação institucional, na produção de dispositivos instituintes;
- a *ergologia*, em Yves Schwartz, no campo da filosofia do trabalho, na Análise Pluridisciplinar das Situações de Trabalho (APLS), no tensionamento contínuo entre o real e o prescrito do trabalho, na análise da atividade situada.

Questão emergente a partir das bases teóricas: como promover também a saúde do trabalhador (aquele que trabalha a dor) da saúde psíquica?

Indícios e pistas para uma atuação do psicólogo, ou profissional da saúde psíquica, no mundo do trabalho

A fim de fornecer indícios a partir de nossa experiência acadêmica e profissional na área *psi,* nós a ressaltamos no que se indissocia do trabalho, mas não sem fazer uma advertência: é necessário redimensionar a tradição conceitual e metodológica hegemônica, pautada pelo paradigma da saúde, sobretudo no mundo do trabalho, cujo olhar se volta para o *ocupacional* (mesmo que revestido sob um discurso modernizador). Olhar que privilegia intervenções pontuais sobre os riscos à saúde, imputando aos trabalhadores a responsabilidade e o ônus pelo que lhe acomete, sem colocar em questão a própria organização do trabalho (Carvalho, 1997). Voltamos aos indícios, no sentido de abrir caminho para a atuação do psicólogo no mundo do trabalho contemporâneo:

- colocar em análise as condições e a organização do trabalho, de forma a instituir novos modos de ser trabalhador no mundo contemporâneo;
- implementar um modelo de gestão descentralizado e integrado, com profissionais *psi* no monitoramento das situações de trabalho;
- problematizar os modelos de referência nos campos da saúde psíquica;
- contribuir na formação dos trabalhadores para análise do seu cotidiano laboral, com vistas à promoção de saúde nos locais de trabalho;

DA PSICOLOGIA
CONTEMPORÂNEA

- instituir um espaço de trocas e debates de conceitos científicos e da experiência prática de trabalhadores acerca das relações entre saúde e trabalho;
- construir uma comunidade ampliada de pesquisa que se consolide no esforço coletivo, tornando a experiência no trabalho fonte de percepção e interpretação do que causa o adoecimento e/ou saúde nos locais de trabalho;
- desencadear ações que possam alterar o curso de nocividade (as de ordem psíquica são invisíveis a olho nu) presente nos ambientes de trabalho, pois ao produzir conhecimento sobre eles, se abre a possibilidade de transformação das situações de risco e/ou vulnerabilidade.

Anteriormente apresentamos alguns indicadores teóricos quando nos referimos à ergologia de origem francesa. Aqui nos deteremos um pouco mais nas bases conceituais desse campo teórico:

- a atividade, entendida como o que é realizado pelo trabalhador em situação de trabalho, é o ponto de partida para pensarmos a saúde, o que significa a valoração (dar valor à ação) do trabalhador;
- a atividade situada é o efetivamente desenvolvido para se alcançar os objetivos definidos pelas tarefas, sem se limitar ao que é prescrito para sua execução;
- ao serem convocados no processo de trabalho, os trabalhadores utilizam suas potencialidades de acordo com o que lhes é exigido. A cada situação que se coloca, o trabalhador elabora estratégias que

desvelam a inteligência inerente ao trabalho humano
e, portanto, são como gestores do seu trabalho e produtores de saberes e de novidades;
- a inteligência do trabalho constrói planos de intervenção, altera metas, interrompe ou mantém ações, faz a colocação e a gestão de problemas, diagnostica situações;
- as atividades do trabalho humano, além dos modos operatórios definidos pelas normas prescritas para as diferentes tarefas, implicam também improviso e antecipação. Trabalhar é gerir, é cogerir;
- a gestão é uma questão própria dos humanos e está presente onde há variabilidade, imprevisibilidade, enfim, onde é necessário colocar alguma coisa em funcionamento. A gestão do trabalho não é prerrogativa apenas dos administradores/gerentes;
- os modos de trabalhar são indissociáveis dos modos de subjetivar, pois os trabalhadores são gestores de si e da realidade de trabalho que criam;
- o trabalho gestionário, por definição, é um trabalho que se move, se promove, é elaborado coletivamente no tempo e muda ao durar;
- para o psicólogo: ser capaz de suportar a incerteza, ou seja, o desconforto intelectual de não ter receitas prontas; reconfigurar as utopias como horizonte de projeção identificatório; possibilitar as consciências, como nos fala Clarice Lispector: "o melhor de mim é aquilo que ainda não sei";
- o trabalho nunca é neutro em relação à saúde, precisa estar presente na própria definição de saúde e

211

ocupa um lugar privilegiado na luta contra a doença e o patológico. O foco de mudança, em se tratando de saúde e trabalho, desloca-se para as mudanças na forma como é organizado o processo de trabalho, que é o eixo do paradigma no campo nomeado saúde do trabalhador;
- promover saúde nos locais de trabalho é aprimorar a capacidade de compreender e analisar o trabalho de forma a fazer circular a palavra, criando espaços para debates coletivos;
- esses debates, as tensões produzidas quando os trabalhadores se encontram para discutir o trabalho, vão desestabilizar os saberes e as formas de ser instituídos, forçando a criação de novos modos de trabalhar, visando à democratização das relações de trabalho.

O contemporâneo e os desafios para a saúde psíquica do trabalhador

Alguns pressupostos e desafios: os trabalhadores como pesquisadores da sua própria organização do trabalho, ou seja, a construção de comunidades ampliadas de pesquisa. Podemos fazer um paralelo com a "Clínica Ampliada" (Barros *et al.*, 2001). A possibilidade de construir com as estratégias de mudança. Trabalhamos com utopias? Existe um outro trabalhar possível? Trabalhamos com o material do qual se desprendem os sonhos: o imaginário motor (o perigo do imaginário ilusório que transponha o medo do despedaçamento, ofuscando a ilusão da coesão total de uma unidade compacta) da mudança nas vias simbólicas que, se estão congestionadas, diminuem as possibilidades de significação das experiências vividas pelo sujeito (Enriquez, 1997). Ou seja, a produção de saúde na singularidade desse sujeito é que se faz questão. Se não há vias simbólicas descongestionadas, a subjetividade está em posição de perda.

Estamos diante de uma ambiguidade, senão de um paradoxo, entre aquilo que se demanda do sujeito trabalhador e aquilo que ele efetivamente pode fazer, dado ainda o aspecto restritivo da gestão que se quer participativa. O que pode sobrar dessa posição de ambivalência não é exatamente a saúde psíquica do trabalhador, mas o seu processo de uso (os modos de visibilidade dos trabalhadores nos protocolos psicológicos disponíveis). Uso de si – uso dramático de si, pois o despotismo se impõe sempre que não há politeia (Scwartz, 1992). Isto é, sempre que não se é oportunizado o espaço coletivo de discussão. É preciso reafirmar o processo coletivo como princípio, meio e fim da democracia; e reafirmá-lo, se queremos a promoção de saúde nos locais de trabalho.

Saúde psíquica também é engajamento cívico e social, sobretudo em se tratando do bem público – afirmação inconteste. Se não há reconhecimento do trabalhador, a tendência é o individualismo; por mais que se esteja numa gestão que não queira ser tão democrática assim, o outro (ainda) é preciso (Carvalho, Pires, 2001). É preciso tecer estratégias de reconhecimento no trabalho como mensura da gestão. Isso é de extrema importância para o gestor, senão vital. Queremos dizer: quanto maiores os espaços reais de deliberação no trabalho, maior seria então o *quantum*, na contemporaneidade, de saúde.

DA PSICOLOGIA
CONTEMPORÂNEA

Como sabemos, o indivíduo tem necessidades e demanda recompensa, que está na antípoda da punição. É necessário não confundir a recompensa com o reconhecimento do trabalho realizado, que só pode ser verdadeiro quando é um reconhecimento compartilhado, tanto pelo realizador – aquele que imprime realidade ao criado por meio do trabalho –, quanto pelo outro que recebe o trabalho. É o desafio da função psicológica na produção da saúde psíquica no trabalho. Urge, por decorrência, repensar o nosso *status* ontológico: o ser humano cuja ontogenia se inscreve no ato de (se) criar incessantemente no ato de trabalho. Criador e criatura na produção de si mesmo(s), do humanizar, na busca permanente pela humanização. O que é humano? Humano porque se é ser desejante de, justamente, ser humano – não porque o humano apresenta necessidade de se humanizar, mas porque deseja ser humano (Clot, 1995).

Os trabalhadores hoje apresentam um grande sofrimento ético, dadas a ruptura e a nossa herança, no Brasil, de um imaginário em que o *ethos*, a costura do possível na ordem democrática, está seriamente em questão. Portanto, esse sofrimento ético atravessa a possibilidade do desejo de construção do novo. Mas o novo resiste o tempo todo. Ainda assim somos testemunhas das pulsões criativas. Sujeitos tentando fazer laços, construindo redes: pulsão democrática. É isso a saúde no trabalho: a força da vida. Do lado da vida, alguns métodos de caminhar que são nossos: a escuta e o olhar clínico. Num deslizamento de produção de sentidos, podemos avançar uma espécie de sincretismo desses instrumentos, o que nomeamos "olhar de escuta", procurando, nesse olhar, resgatar a complexidade simbólica do processo de produção da saúde.

Referências

BARROS, E. et al. *Texturas da Psicologia: subjetividade e política no contemporâneo.* São Paulo: Casa do Psicólogo, 2001.

_____; CARVALHO, R. *Relatório de Ações Desenvolvidas.* Brasília: GRH-MS, 2004.

BARROS, E. A vida como ela é? In: *Psicologia Clínica,* Rio de Janeiro, v. 15, n. 1, p. 153-167, 2003.

CARVALHO, R. Saúde mental e trabalho, um novo (velho) campo para a questão da subjetividade. In: SAMPAIO, J. J. et al. (org.) *O Sofrimento Psíquico nas Organizações.* Rio de Janeiro: Vozes, 1995.

_____. *Les Nouvelles technologies de gestion et la mobilisation de la subjectivité.* Lille: P.U.S., 1997.

_____. Reconfiguração de perfis entre os processos de inserção, "desinserção" e reinserção dos (novos) sujeitos trabalhadores. In: CARVALHO, R. et al. *Globalização, Trabalho e Desemprego* – um enfoque internacional. Belo Horizonte: C/Arte, 2001.

_____. NTG's – Novas Tecnologias de Gestão. In: CATTANI, A. *Dicionário Crítico do Trabalho.* Petrópolis: Vozes, 2002.

_____. Globalização e desenvolvimento sustentável – um enfoque psicossocial no mundo do trabalho. In: AFONSO, L. et al. *Psicologia Social e Direitos Humanos.* Belo Horizonte: Campo Social, 2003.

CARVALHO, R.; PIRES, S. D. Em busca de novas solidariedades: a economia solidária em questão. *Sociedade e Estado.* v. 16, p. 159-185, 2001.

CLOT, Y. *Le Travail sans l'homme?* Paris: La découverte, 1995.

DEJOURS, C. *A Loucura do Trabalho*. São Paulo: Cortez/Oboré, 1998a.

_____. *O Corpo entre a Biologia e a Psicanálise*. Porto Alegre: Artes Médicas, 1998b.

ENRIQUEZ, E. *A Organização em Análise*. Petrópolis: Vozes, 1997.

HESÍODO. *O trabalho e os Dias*. 3. ed. São Paulo: Iluminuras, 1996.

MARTINS, P. H. *Contra a desumanização da medicina: crítica sociológica das práticas médicas modernas*. Petrópolis: Vozes, 2003.

SCWARTZ, Y. *Travail et Philosophie, convocations Mutuelles*. Paris: Octares, 1992.

_____. *Expérience et Connaissance du Travail*. Paris: Messidor, 1998.

SOUZA SANTOS, B. *A Crítica da Razão Indolente:* contra o desperdício da experiência. São Paulo: Cortez, 2000.

Sobre os Organizadores

Gleiber Couto
Psicólogo pela Pontifícia Universidade Católica de Minas Gerais. Doutor em Avaliação Psicológica pela Universidade São Francisco – USF. Pesquisador colaborador do Laboratório de Avaliação Psicológica e Educacional – LabAPE. É professor adjunto no Campus de Catalão da Universidade Federal de Goiás – UFG/CAC, onde coordena o Laboratório de Avaliação, Medidas e Instrumentação em Psicologia – LAMI. Possui experiência em psicologia clínica, especialmente no diagnóstico e tratamento (Terapia Comportamental-Cognitiva) de pacientes portadores de transtorno psiquiátrico.

Sanyo Drummond Pires
Psicólogo e Mestre em Psicologia Social pela Universidade Federal de Minas Gerais – UFMG.. Doutorando em Avaliação Psicológica pela Universidade de São Francisco – USF. Bolsista CAPES vinculado ao Laboratório de Avaliação Psicológica e Educacional – LabAPE.

Sobre os autores

Cláudio Garcia Capitão
Psicólogo, especialista em psicologia clínica, em psicologia hospitalar e mestre em psicologia pela Pontifícia Universidade Católica de São Paulo. Doutor pela Universidade Estadual de Campinas. Pós-doutor pela PUC-SP. Professor dos cursos de graduação e de pós-graduação stricto sensu em psicologia da Universidade São Francisco.

Cristina Lemes Barbosa Ferro
Psicóloga e especialista em terapia comportamental pela Universidade Católica de Goiás. Exerce atividade clínica em consultório particular em Palmas, TO.

Fabiano Koich Miguel
Psicólogo pela Universidade Presbiteriana Mackenzie. Especialista em psicologia do trânsito pela Universidade Cruzeiro do Sul. Mestre e doutorando em avaliação psicológica pela Universidade São Francisco. Bolsista FAPESP vinculado ao Laboratório de Avaliação Psicológica e Educacional.

Fernanda Kebleris
Psicóloga pela Universidade Presbiteriana Mackenzie.

José Maurício Haas Bueno
Psicólogo, Doutor em Psicologia pela Universidade São Francisco. Pesquisador do Centro de Investigação em Psicologia (CIPsi) da Universidade do Minho, Portugal.

Luc Vandenberghe
Psicólogo, Mestre em Psicologia Clínica pela Universidade de Gent (Bélgica) e Doutor em Psicologia pela Universidade de Liège (Bélgica). Desde 1989 atua como terapeuta comportamental especializado em transtornos de ansiedade, de humor e problemas de casal (de 1989 a 1994 na Alemanha e, a partir de 1995, no Brasil, primeiro em Belo Horizonte e atualmente em consultório particular em Goiânia-GO). É supervisor em Terapia Comportamental e Orientador na Área de Sociedade, Ambiente e Saúde do Mestrado em Ciências Ambientais e da Saúde, e na Área de Processos Clínicos do Mestrado em Psicologia da Universidade Católica de Goiás – UCG.

Lucas de Francisco Carvalho
Psicólogo pela Universidade Presbiteriana Mackenzie com formação em Acompanhamento Terapêutico pelo Instituto de Psiquiatria do Hospital das Clínicas de São Paulo. Foi bolsista de mestrado da CAPES (2008), e atualmente é bolsista de doutorado da FAPESP em Avaliação Psicológica pela Universidade São Francisco. Desenvolveu parte do seu doutorado na University of Toledo (EUA) sob orientação do Prof. Gregory J. Meyer (Ph.D). Tem experiência em clínica e na área acadêmica com ênfase em Construção e Validade de Testes, Escalas e Outras Medidas Psicológicas, atuando principalmente nos seguintes temas: psicometria, construção de instrumentos, personalidade, e transtornos da personalidade.

Patrícia Farina
Psicóloga pela Universidade São Francisco, aluna do Programa de Aprimoramento Profissional no Hospital de Custódia e

Tratamento Psiquiátrico "Prof. André Teixeira de Lima".
e-mail: Patty.pfarina@gmail.com

Renato Camargos Viana
Mestre em Psicologia Experimental: Análise do Comportamento pela PUC-SP, com ênfase em Saúde. Especialista em Gestão Estratégica e Consultoria em RH pela Universidade Fumec. Terapeuta Comportamental na cidade de Belo Horizonte/MG e na cidade de Nova Lima/MG. Membro da ABPMC – Associação Brasileira de Psicoterapia e Medicina Comportamental. Professor designado na Academia de Policia Militar de Minas Gerais e no Curso de psicologia da Faculdade de Divinópolis-Faced.

Ricardo Augusto Alves de Carvalho
Psicólogo pela Universidade Federal de Minas Gerais Mestre em psicologia social e clínica pelo Conservatoire National des Arts et Metiers. Doutor em sociologia das mutações pela Université de Paris VII. Professor da Fundação Don Cabral. Orientador no Programa de Pós-Graduação Stricto Sensu em sociologia da Pontifícia Universidade Católica de Minas Gerais.

Roberto Alves Banaco
Psicólogo pela Pontifícia Universidade Católica de São Paulo. Doutor em ciências pelo Instituto de Psicologia da Universidade de São Paulo. Professor associado ao Programa de Pós-Graduação Stricto Sensu em psicologia experimental: análise do comportamento da PUC-SP. Coordenador pedagógico do Núcleo Paradigma de Análise do Comportamento. Ex-presidente da ABPMC (Associação Brasileira de

Psicoterapia e Medicina Comportamental). Ex-editor da Revista Brasileira de Terapia Comportamental e Cognitiva.

Rodrigo Soares Santos
Psicólogo pela Universidade Federal do Paraná. Especialista em Psicologia Clínica. Mestre em avaliação psicológica pela Universidade São Francisco – USF. Atua como psicólogo clínico e jurídico. Docente da disciplina de Psicologia Aplicada ao Direito da Faculdade de Direito de Curitiba – UNICURITIBA.
Endereço para correspondência: R. Francisco Rocha, 1830, apto 142; Bairro Bigorrilho; Curitiba – Paraná – CEP 80730-390.

Tiago Bagne
Psicólogo pela Universidade São Francisco. Aluno do Programa de Aprimoramento Profissional no Hospital de Custódia e Tratamento Psiquiátrico "Prof. André Teixeira de Lima".

Conselho Editorial

Prof. Ms. Antonius Cornelius van Hattum (EnFoS)
Prof. Dr. Carlos Alberto Dias (UNIVALE)
Prof. Dr. Carlos Henrique Sancineto da Silva Nunes (UFSC)
Profª. Drª Carmen Lúcia Reis (UFU)
Prof. Dr. Cornelis Johannes van Strallen (UFMG)
Prof. Dr. Gleiber Couto (UFG/CAC)
Prof. Ms. Gustavo de Val Barreto (Fead-BH)
Psic. Dr. José Maria Montiel
Prof. Dr. Maycoln Leôni Teodoro (UNISINOS)
Profª. Drª. Marília Novais da Mata Machado (UFMG)
Prof. Ms. Sanyo Drummond Pires (Bolsista CAPES / USF)"

Impresso por :

gráfica e editora

Tel.:11 2769-9056